INHALT

Die Zeit der liberalen und nationalen Bewegungen

Industrialisierung und soziale Frage

Reichseinigung und Deutsches Kaiserreich

Der Buchstabe **M (=Methode)** weist Seiten aus, auf denen das Vorgehen beim Umgang mit Geschichte besonders geübt wer

Der Wiener Kongress 1814/1815 – oder die Angst vor dem Gespenst

Eine zeitgenössische Karikatur, die es in sich hat. Sie wirft viele Fragen auf, aber wir wollen uns nur den drei Herren zuwenden, die links am Tisch stehen.

Nach Ansicht des Karikaturisten ging es den Herrschern vor allem um Gebiete, die sie haben wollten. So zeichnet er Franz I., wie er seine Hand auf Venedig und die Lombardei legt, Friedrich Wilhelm will Sachsen haben. Der Zar hält bereits Polen in seiner rechten Hand.

Aufgabe 1: *Anfangs gab es darüber, wer was bekommen sollte, heftigen Streit, sogar Krieg drohte. Das ist vorbei, weil Alexander etwas erkannt hat. Schreibe nochmals seine Aussage auf.*

____

____

Aufgabe 2: *Alexander sieht dabei auf das Gespenst am Tisch, Napoleon, der in Wirklichkeit gar nicht in Wien war. Warum war die Angst vor Napoleon berechtigt ?*

____

____

Aufgabe 3: *Fasse nun zusammen: Worum ging es beim Wiener Kongress und warum kam es schließlich zur Einigung zwischen den Monarchen und nicht zu einem neuen Krieg?*

____

____

Ist das des Deutschen Vaterland – der Deutsche Bund?

Dass aus ihrem gemeinsamen Kampf gegen Napoleon auch ein gemeinsames Vaterland entstehe, das war der Wunsch vieler Deutscher. Erfüllte sich dieser Wunsch am 8. Juni 1815, als 39 deutsche Regierungen die Deutsche Bundesakte annahmen?

Aufgabe 1: *Lies die Auszüge aus der Bundesakte und unterstreiche die Teile, die eindeutig belegen, dass Deutschland nach dem Willen der Fürsten nicht geeint werden sollte.*

„Art. 1. Die souveränen Fürsten und freien Städte Deutschlands ... vereinigen sich zu einem ständigen Bunde …
Art. 2. Der Zweck desselben ist die … , Unabhängigkeit und Unverletzlichkeit der einzelnen deutschen Staaten."

(Deutsche Geschichte in Quellen und Darstellung Band 7. Stuttgart 1997 (Reclam), S. 37.)

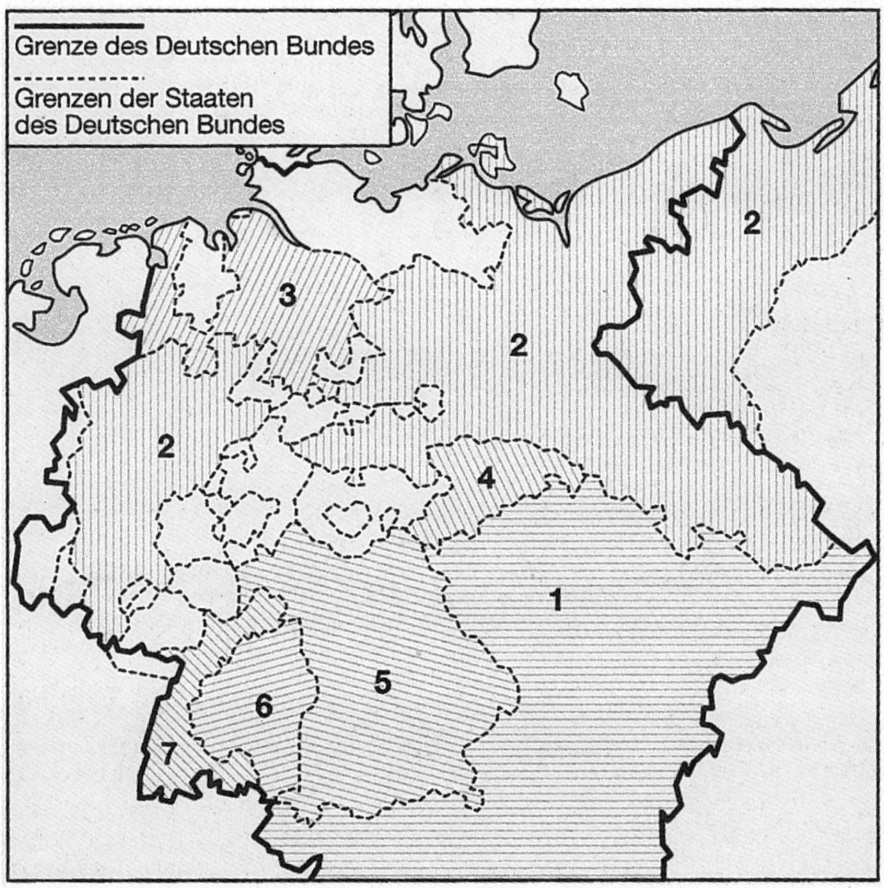

Diese Karte zeigt einige der 39 Unterzeichnerstaaten. Sie ist aber nur schwer überschaubar.

Aufgabe 2: *Gestalte die Staaten, die in der Karte durch Nummern hervorgehoben sind, farbig und gib in der Legende an, welche Farbe du für welchen deutschen Staat gewählt hast.*

Mitgliedstaat des Deutschen Bundes	Farbe
1 Österreich	
2 Preußen	
3 Hannover	
4 Sachsen	
5 Bayern	
6 Württemberg	
7 Baden	

Aufgabe 3: *Die Überschrift enthält eine Frage. Beantworte sie und begründe deine Meinung.*

____

____

____

____

____

Eine Bittschrift von 70 Kaufleuten und Fabrikanten aus dem Jahre 1819

Aufgabe 1: *Vervollständige die Bittschrift. Wähle dazu aus dem Angebot aus:*

Eisenbahnlinien, Aufhebung der Zollgrenzen im Innern Deutschlands, Genehmigung des Rauchens in der Öffentlichkeit, Räuberbanden, Zoll- und Mautlinien, Universitäten und Hochschulen, Autobahnen, Beseitigung des Privateigentums, Zeitungsverlage

Aufgabe 2: *Weshalb tragen gerade Kaufleute und Fabrikanten diese Bitte vor?*

____

____

____

____

____

____

____

„Erhabene Bundesversammlung!

Wir unterzeichneten, zur Messe in Frankfurt versammelten deutschen Kaufleute und Fabrikanten nahen uns, tiefgebeugt durch den traurigen Zustand des vaterländischen Handels und Gewerbes, diesen hohen Vorstand deutscher Nation, um die Ursachen unserer Leiden zu enthüllen und Hilfe zu erflehen …

Achtundvierzig ______________________________ bringen ungefähr dieselbe Wirkung hervor, wie wenn jedes Glied des menschlichen Körpers unterbunden wird, damit das Blut ja nicht in ein anderes überfließe …
Die alleruntertänigst Unterzeichneten wagen es, einer hohen Bundesversammlung die alleruntertänigste Bitte vorzutragen:

____

____

____

Frankfurt, den 14. April 1819

Prof. ____________________
als Bevollmächtigter
des allgemeinen Deutschen Handels- und Gewerbsvereins zu Frankfurt a. M.

(Deutsche Geschichte in Quellen und Darstellung Band 7
Vom Deutschen Bund zum Kaiserreich 1815-1871. Stuttgart 1997 (Reclam), S. 147 f.)

Aufgabe 3: *Charakterisiere die Haltung, in der die Bittschrift abgefasst ist.*

____

____

Am Zustandekommen der Bittschrift hat dieser Mann großen Anteil. Seine Unterschrift fehlt noch. Einen Namen hat er sich nicht nur mit der Bittschrift gemacht, sondern auch mit seinem Eintreten für ein „technisches Wunderwerk" seiner Zeit, von dem er erwartete: Sie … „rückt die Völker näher aneinander. Sie saust über Vorurteile und Kleinstaaterei hinweg … Ihr Pfeifen sei Signal zu einer friedlichen Revolution aller politischen Verhältnisse."

Aufgabe 4: *Von welcher Erfindung spricht der Unterzeichner der Bittschrift hier?*

____

Aufgabe 5: *Der Name des Mannes lässt sich aus den Buchstaben S I L T bilden. Ordne und dann unterschreibe damit die Bittschrift.*

Ein Mord und seine „besten" Folgen

Enttäuscht vom Wiener Kongress setzten viele Studenten auf Gewalt, und so wurde der von ihnen als „Verräter" angesehene Dramatiker Kotzebue vom Theologiestudenten Sand ermordet. Staatskanzler Metternich reagierte darauf so: „Meine Sorge geht dahin, der Sache die beste Folge zu geben …"

„Beste Folge"? – was sich dahinter verbirgt, wollen wir an einem Beispiel untersuchen. Am 20. September 1819 erließ eine Ministerkonferenz unter Metternichs Leitung in Karlsbad u. a. das „Bundes-Pressgesetz"

Aufgabe 1: *Fasse in einem Satz den Inhalt des § 1 des „Bundes-Pressgesetzes" zusammen:*

„§ 1. Solange als der gegenwärtige Beschluss in Kraft bleiben wird, dürfen Schriften, die in Form täglicher Blätter erscheinen … in keinem deutschen Bundesstaate ohne Vorwissen und vorgängige Genehmhaltung (= vorangegangene Genehmigung) der Landesbehörden zum Druck befördert (= gedruckt) werden …"

(Deutsche Geschichte in Quellen und Darstellung Band 7 Vom Deutschen Bund zum Kaiserreich 1815 – 1871. Stuttgart 1997 (Reclam), S. 72.)

___

___

___

Die sich daraus ergebende Lage deutscher Zeitungsredakteure zeigt diese Karikatur aus der Zeit um 1830.

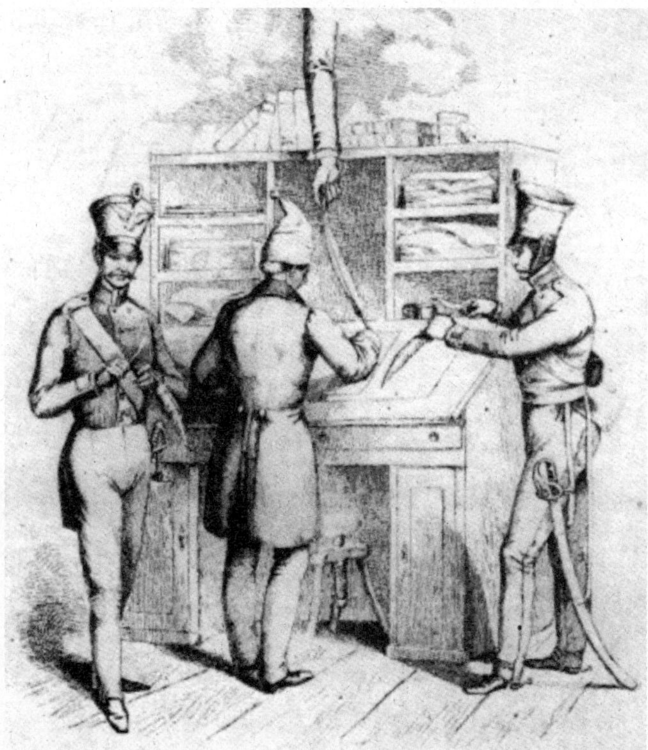

Aufgabe 2: *Beantworte die folgenden Fragen.*
Welche Personen sind dargestellt?

___

___

Was tun sie?

___

___

Welche Bedeutung hat die Hand, die „von oben" die Feder führt?

___

___

Was soll über die Zustände in deutschen Redaktionsstuben nach dem Erlass des Bundes-Pressgesetzes ausgesagt werden?

___

___

Dass dem Redakteur vom Karikaturisten eine Nachtmütze verpasst wurde, ist volle Absicht. Worauf soll damit nach über zehn Jahren Pressgesetz hingewiesen werden?

___

Aufgabe 3: *Metternich wollte dem Mord die „beste Folge" geben. Wie ist deine Meinung dazu?*

___

___

___

___

„Unser Kampfgeschrei sei HEPP HEPP HEPP!"

Das hier war kein Einzelfall: In Frankfurt zogen am 10. und 11. August 1819 Studenten und Handwerksgesellen in die Judengasse. Was sie dort anrichteten, schildert dieser Holzschnitt.

Aufgabe 1: *Finde mindestens drei Vergehen an den jüdischen Mitbürgern heraus, deren sich die Randalierer schuldig machten.*

1) ______________________

____

2) ______________________

____

3) ______________________

____

Aufgabe 2: *Auf dem Bild wird ein Jude so dargestellt, wie er als Gegenstück zum großen, blonden, deutschen Jüngling in vielen Veröffentlichungen immer wieder auftrat. Welche äußeren Merkmale sollen die Figur als Juden kennzeichnen?*

____

____

____

Was warfen die Studenten und Handwerksburschen den Juden vor? Ein Flugblatt gibt Auskunft.

Brüder in Christo!
Auf, auf, sammelt euch, rüstet euch mit Mut, und Kraft gegen die Feinde unseres Glaubens, es ist Zeit, das Geschlecht des Christusmörders zu unterdrücken, damit sie nicht Herr werden über euch und unsere Nachkommen, denn stolz erhebt schon die Juden Rotte ihre Häupter … Darum nieder! Diese Juden, die hier unter uns leben, die sich wie verzehrende Heuschrecken unter uns verbreiten, und die das ganze preußische Christentum dem Umsturz drohen, das sind Kinder derer, die da schrien: kreuzige, kreuzige. Nun auf zur Rache! Unser Kampfgeschrei sei Hepp! Hepp! Hepp!!! Aller Juden Tod und Verderben, ihr müsst fliehen oder sterben.

Aufgabe 3: *Schreibe die Vorwürfe und Vergleiche heraus.*

1. ______________________
2. ______________________
3. ______________________
4. ______________________
5. ______________________
6. ______________________

(Spurensuche Geschichte, Band 3. Stuttgart 1992, S.11 f.)

Aufgabe 4: *Nimm Stellung dazu.*

Zu 1. ______________________ Zu 4. ______________________

Zu 2. ______________________ Zu 5. ______________________

Zu 3. ______________________ Zu 6. ______________________

Aufgabe 5: *Es gab aber auch noch andere Gründe für das Wiederaufflammen des Judenhasses nach 1815. Einige wollen wir aufdecken. Lies dazu nachfolgenden Text und fülle nach dem Lesen das Schema aus. Arbeite auch die Quelle auf S. 6 ein.*

„Ist ein Vieh krank, die Milch blau … sterben die jungen Gänse etc., so haben es böse Leute getan, die mit dem Teufel in Verbindung stehen" – so beschreibt um 1800 ein Pfarrer das Denken der einfachen Leute. Oft galten Juden als die „bösen Leute" – sie waren ja keine Christen!
Nach dem Krieg wurden aus England viele billige Fabrikwaren, vor allem Stoffe, eingeführt. Häufig waren es jüdische Händler, die diese Produkte verkauften. Jetzt gaben ihnen die Handwerker die Schuld dafür, dass sie Aufträge verloren.
In Frankfurt, wo die Juden schon seit dem 12. Jahrhundert lebten, hatten sie fast keine Rechte. Erst unter dem Einfluss der Französischen Revolution („Gleichheit!") erhielten sie das Bürgerrecht, konnten also wohnen, wo sie wollten, und sich auch den Beruf selbst aussuchen. Nach Napoleons Vertreibung nahm ihnen der Stadtrat diese Rechte wieder.
Zudem hatten schwere Missernten 1816/17 die Preise von Brot und Getreide emporgetrieben. Selbst dafür gaben viele „den Juden" die Schuld, obwohl doch auch über drei Viertel der Juden in Armut lebten und nur wenige Getreidehändler – Christen und Juden – Vorteile hatten.

Im Volk über die Jahrhunderte wachgehaltene Judenfeindschaft wird nach 1815 verstärkt durch		
politische Entwicklungen	**wirtschaftliche Probleme**	**religiöse Unduldsamkeit**

Was passt in diesen Raum?

Diese Frage stellte sich im Jahre 1824 ein wohlhabender Bürger. Nach seinen Entwürfen stellten kunstfertige Handwerker für ihn ein Sofa, einen Stuhl, einen Sekretär (= Schreibschrank) und einen niedrigen Schrank her, der zwischen den beiden Fenstern seinen Platz finden sollte.

Leider haben nachfolgende Wohnungsnutzer diese Möbel verkauft, und sie stehen jetzt mit solchen aus anderen Stilepochen bei einem Antiquitätenhändler. Du aber möchtest die Wohnung wieder in ihren ursprünglichen Zustand versetzen.

Aufgabe 1: *Mit welchem Begriff machst du dem Antiquitätenhändler deutlich, welchem Stil die gesuchten Möbel zugehören?*

Aufgabe 2: *Suche aus dem breiten Angebot der nächsten Seite die passenden Möbel, schneide sie aus und füge sie hier ein.*

Eigner Herd ist Goldes wert

Das hier ist ein Bild von der Küche der Familie Grubert. Der Gesamteindruck, den es vermittelt, ist zwar richtig, aber es haben sich doch zu viele Sachen eingeschlichen, die einfach nicht in eine Küche des Jahres 1840 passen.

Aufgabe 1: *Schau dir die Abbildung genau an. Kreise mit einem Rotstift die Dinge ein, von denen du meinst, sie gehörten nicht in eine Küche jener Zeit.*

Aufgabe 2: *Nummeriere die Fehlerstellen in der Abbildung und trage unten ein, was jeweils falsch ist.*

1. ______________________
2. ______________________
3. ______________________
4 ______________________
5. ______________________
6. ______________________
7. ______________________
8. ______________________
9. ______________________
10. ______________________
11. ______________________
12. ______________________
13. ______________________
14. ______________________
15. ______________________
16. ______________________
17. ______________________
18. ______________________
19. ______________________
20. ______________________

Wie angelt „frau" sich einen Mann?

So war das meist auf dem Lande im 19. Jahrhundert: Fleißig und schmuck zu sein, das reichte für ein Mädel nicht aus, um den Sohn eines Bauern zum Manne zu bekommen. Sie musste schon etwas in die Ehe mitbringen. Das Mädel auf unserem Bild hat ihre Aussteuer zusammen. Trotzdem hat sie Kummer: Der Mann, den sie mag, unternimmt nichts, um bei ihren Eltern um ihre Hand anzuhalten. Und so klagt sie uns ihr Leid.

Mine Mudder sä verläden :
„Krischan hat ´n Oé ob dick."
Doch wat hilpt mick all ör Käörn,
Kümmt hei doch nich mehr na mick.
Eine Kau un ein paar Swine
Hat min Vaoder mick vermakt
Un dat Flaß is alle mine,
wat min Mudder swingt un brakt.
Einen lüttjen und groten Kettel
Un dat ganze Hausgerat:
Hamer, Biel un Bönerblöcke
Haspel, Staul un Spinnerad.
Lenn´wand hew ick ok drei Stiege
Un dat Bedde is sau fix
Un wat fehlt denn meinem Tüge
Awer – et passiert noch nix !!!

(Ebeling, M.: Blicke in vergessene Winkel. Leipzig 1889 (G. Böhme Nachf.), S. 189 f.)

Meine Mutter sagte vor kurzem:
„Krischan hat ein Auge auf dich."
Doch was hilft mir all ihr Reden,
wenn er doch nicht mehr zu mir kommt.
Eine Kuh und ein paar Schweine
Hat mein Vater mir vermacht.
Und aller Flachs gehört mir,
den meine Mutter schwingt und bricht.
Einen kleinen und großen Kessel
Und das ganze Hausgerät:
Hammer, Beil und Flachsschwinge,
Haspel, Stuhl und Spinnrad.
Leinwand hab ich auch 30 Meter.
Und das Bett ist gut im Stande.
Was fehlt denn an meiner Aussteuer?
Aber – es passiert noch nichts !!!

Aufgabe 1: *Bei welcher Tätigkeit sehen wir das Mädel?*

Aufgabe 2: *Welche Argumente führt sie im Gedicht dafür an, dass Krischan doch eigentlich ganz schnell um ihre Hand anhalten müsste? Schreibe das im Einzelnen heraus.*

Aufgabe 3: *Fasse zusammen: Was war damals dafür entscheidend, ob junge Menschen, die sich mochten, miteinander verheiratet werden konnten? Was war überhaupt nicht wichtig?*

Aufgabe 4: *Was stört dich an solchen Entscheidungen?*

Für wen hat sie sich schick gemacht?

Mode war schon früher ein ergiebiges Gesprächsthema. Modezeitungen des 19. Jahrhunderts wussten das zu nutzen und stellten ihren Leserinnen und Lesern vor, was der „letzte Schrei" war. Die Abbildung auf dieser Seite entstammt der „Wiener Zeitschrift für Kunst, Literatur, Theater und Mode" aus dem Jahre 1834.

Aufgabe 1: *Lies den Begleittext zu dieser Abbildung und unterstreiche, was dir für die Kennzeichnung der Kleidung jener Zeit wichtig erscheint, rot, was der Werbung dienen soll, blau.*

„Das Kleid der Dame von orangefarbigem Musselin mit durch Batiststickerei garnierter Chemisette von Linon, ist nach einem Original von Herrn Th. Petko, bürgerlicher Damenkleidermacher im Trattnerhofe Nr. 618, im 2. Hof, 1. Stiege, 4. Stock.
Der mit Blumen und Band gezierte Basthut nach einem Original von M. Langer in der Annastraße, Nr. 986, im 1. Stock …"

(aus: Gentsch, D.: Biedermeier. Leipzig 1976 (Prisma), S. 56.)

Worterklärungen:
Musselin = Baumwollgewebe
Batiststickerei = feinfädige Stickerei
Chemisette = (hier der weite) Kragen
Linon = feines Leinen

Aufgabe 2: *Wenn du dir eine genauere Vorstellung vom Aussehen der Dame machen willst, könntest du zumindest einige Teile ihres Bildes farbig gestalten.*

Das Hütchen ist cremefarben mit weißem Band und weiß–roten Blumen.
Der weite Kragen ist weiß und mit hellblauer Borte besetzt.
Rock und Ärmel sind hellbraun mit schwarzen Mustern.

Aufgabe 3: *Sicher bist du in der Lage, die Stilepoche dieser Mode zu benennen.*

____

Aufgabe 4: *Was erscheint dir an dieser Mode besonders bemerkenswert?*

____

Neun Männer bewerben sich um die Gunst unserer Dame aus dem Jahre 1834. Aber nur einer findet bei ihr Gefallen, denn er ist so angezogen, wie sie es von Herren ihrer Zeit erwartet.

Aufgabe 5: *Finde den „passenden Mann" für die Dame heraus. Kreuze das Feld an.*

Aufgabe 6: *Schreibe in das entsprechende Kästchen, welcher Stilepoche er zuzuordnen ist.*

Aufgabe 7: *Ordne auch die übrigen Männer einer Zeitepoche zu. Wähle zwischen: Französischer Revolution, Zeit der Römer, Steinzeit, Kaiserzeit am Ende des 19. Jh., Rokoko-Zeit, 20. Jh., Zeit des Dreißigjährigen Krieges, Zeit des Bauernkrieges*

Winzer singen nicht nur Lieder vom Wein

Aufgabe 1: *Ordne das Bild einem Ereignis aus dem Jahre 1832 zu, zu dem Winzer ihr Lied mitgebracht hatten.*

____

Aufgabe 2: *Jeder Strophe des Winzerlieds fehlt eine Zeile. Du findest sie in der Fundkiste. Wenn du ein wenig reimen kannst, vervollständigst du ganz schnell die Strophen.*

Winzer-Lied beim Deutschen Maifest auf Hambachs Schlossruine 1832

1. Die Winzer zieh'n mit schwarzer Trauerfahne
Zum deutschen Feste heut, –
Zu reißen die Regierung aus dem Wahne,
____

2. Wir wohnen in dem schönsten Land auf Erden,
Von Gottes Segen voll.
Doch müssen wir alle zu Bettlern werden
____

3. Was half bisher das Klagen schon seit Jahren?
Wir sind noch nicht befreit! –
Der Herr soll uns vor Eigenhülf bewahren,
____

4. Die freie Presse, Brüder! Sie soll leben
____
Denn wo man darf die Stimme frei erheben, kommt alles in die Reih'! –

5. ______________________________________
Eh' noch ein Jahr vorbei!
Dann wird ein Lied aus voller Brust gesungen,
Gott lob! nun sind wir frei! –

Aufgabe 3: *Unterstreiche, was die Winzer vor allem wollen. Es sind nur zwei Forderungen.*

Aufgabe 4: *Fasse zusammen, was die Winzer bewog, an diesem Fest teilzunehmen.*

____

____

____

Wer wird hier warum gesucht?

Mit einem Steckbrief gesucht wie ein Verbrecher wurde dieser Mann vom Großherzoglichen Hofgericht zu Hessen im Juni 1835. Alle Behörden wurden ersucht, ihn festzunehmen. Aber wer war es? Und worin bestand sein Verbrechen?

Aufgabe 1: *Den Namen des Gesuchten findest du, wenn du die Buchstaben der richtigen Lösungen ankreuzt und unter der Ziffer im „Lösungsbalken“ einträgst. Dein Lehrbuch hilft dir.*

	richtig	falsch
Die Zeit zwischen 1815 und 1848 wird als „Vormärz“ bezeichnet.	O = 3	A = 21
Schwarz – Rot – Gold waren die Farben der Burschenschaften.	B = 6	D = 14
Das Wartburgfest wurde 1832 von den deutschen Fürsten gefeiert.	J = 22	C = 8
Der Wiener Kongress 1789 beschloss die lang ersehnte deutsche Einheit.	T = 15	N = 10
Am 23. März 1819 wurde der Schriftsteller Kotzebue ermordet.	R = 4	W = 13
Die Karlsbader Beschlüsse sorgten für Rede- und Pressefreiheit.	F = 19	E = 2
Minister des Deutschen Bundes ließen 1819 die Burschenschaften verbieten.	G = 5	I = 20
In der Biedermeierzeit ziehen sich viele Deutsche ins Privatleben zurück.	H = 9	K = 18
Am 31. Juli 1831 kommt es in Berlin zur Revolution.	L = 17	E = 11
Die Dichter Heine und Herwegh setzten sich auch für Einheit und Freiheit ein.	R = 12	M = 23
Herweghs bekanntestes Werk ist „Deutschland, ein Wintermärchen“.	N = 24	G = 1
Das Hambacher Fest fand 1832 statt.	Ü = 7	Ö = 16

Der Name des Gesuchten lautet:

1	2	3	4	5	6	7	8	9	10	11	12	13	14	15	16	17	18	19	20	21	22	23	24

Das hier ist das Beweisstück seines „Verbrechens“, die Flugschrift „Der hessische Landbote“. Heimlich sollte sie im hessischen Land verbreitet werden.

Aufgabe 2: *Hier steht ihre wichtigste Aussage. Übertrage sie in Schreibschrift.*

Aufgabe 3: *Übersetze: Was meinte Büchner damit?*

Aufgabe 4: *Mit welchen damaligen Zuständen könnte die Losung sich begründen lassen?*

Der Hessische Landbote.

Erste Botschaft.

Darmstadt, im Juli 1834.

Vorbericht.

Dieses Blatt soll dem hessischen Lande die Wahrheit melden, aber wer die Wahrheit sagt, wird gehenkt, ja sogar der, welcher die Wahrheit liest, wird durch meineidige Richter vielleicht gestraft. Darum haben die, welchen dies Blatt zukommt, folgendes zu beobachten:

1) Sie müssen das Blatt sorgfältig außerhalb ihres Hauses vor der Polizei verwahren;
2) sie dürfen es nur an treue Freunde mittheilen;
3) denen, welchen sie nicht trauen, wie sich selbst, dürfen sie es nur heimlich hinlegen;
4) würde das Blatt dennoch bei Einem gefunden, der es gelesen hat, so muß er gestehen, daß er es eben dem Kreisrath habe bringen wollen;
5) wer das Blatt nicht gelesen hat, wenn man es bei ihm findet, der ist natürlich ohne Schuld.

Friede den Hütten! Krieg den Pallästen!

Im Jahr 1834 siehet es aus, als würde die Bibel Lügen gestraft. Es sieht aus, als hätte Gott die Bauern und Handwerker am 5ten Tage, und die Fürsten und Vornehmen am 6ten gemacht, und als hätte der Herr zu diesen gesagt: Herrschet über alles Gethier, das auf Erden kriecht, und hätte die Bauern und Bürger zum Gewürm gezählt. Das Leben der Vornehmen ist ein langer Sonntag, sie wohnen in schönen Häusern, sie tragen zierliche Kleider, sie haben feiste Gesichter und reden eine eigne Sprache; das Volk aber liegt vor ihnen wie Dünger auf dem Acker. Der Bauer geht hinter dem Pflug, der Vornehme aber geht hinter ihm und dem Pflug und treibt ihn mit den Ochsen am Pflug, er nimmt das Korn und läßt ihm die Stoppeln. Das Leben des Bauern ist ein langer Werktag; Fremde verzehren seine Aecker vor seinen Augen, sein Leib ist eine Schwiele, sein Schweiß ist das Salz auf dem Tische des Vornehmen.

Wir suchen einen deutschen Dichter und sein heute bekanntestes Lied

Im Jahr des Hambacher Festes war der Gesuchte 34 Jahre alt. Geboren war er in einer kleinen Stadt, die heute zu Wolfsburg gehört. Ihr Name ist für unsere Suche wichtig. Später war er in Breslau Professor der deutschen Sprache und Literatur. Von ihm stammen Texte vieler Kinderlieder, z. B. „Alle Vögel sind schon da" oder „Ein Männlein steht im Walde". 1841 machte er Urlaub auf Helgoland. Dort entstand das Lied, das du unten findest. Er veröffentlichte es mit anderen unter dem Namen „Unpolitische Lieder". Das waren sie aber ganz und gar nicht und er bekam ihretwegen großen Ärger: Der Gesuchte wurde 1842 als Professor entlassen, aus Preußen verwiesen und musste einige Jahre heimat- und mittellos als „Liedermacher" sein Auskommen suchen. Später fand er eine feste Anstellung als Bibliothekar. In seinem 76. Lebensjahr starb er.

Und hier sind zwei Zeilen seines Liedes. Sie liegen hier aber nur in alter deutscher Schreibschrift vor.

Aufgabe 1: *Du sollst sie sorgfältig in unsere Schrift übertragen. Als Hilfe findest du darunter das ganze Alphabet in dieser alten Schrift.*

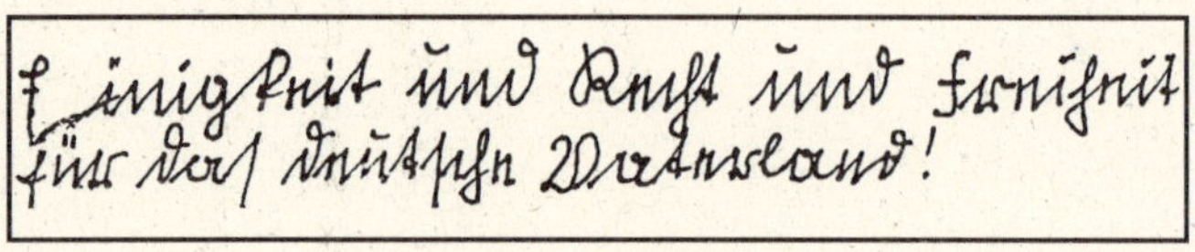

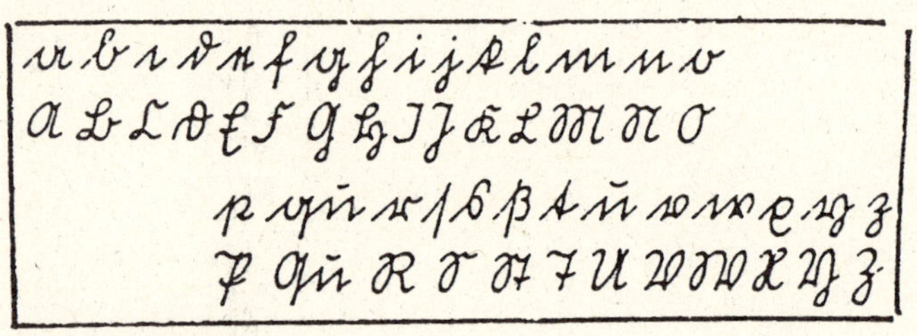

Aufgabe 2: *Füge die weiteren Zeilen der Strophe hinzu.*

Aufgabe 3: *Beantworte die Fragen in der Tabelle:*

Wie heißt der Dichter?	
Wann wurde er geboren?	
Wann starb er?	
Welche Bedeutung hat diese Strophe seines Liedes heute?	
Welche Worte im Lied wird man ihm damals angekreidet haben?	

Frühjahr 1848 – Revolution in Europa

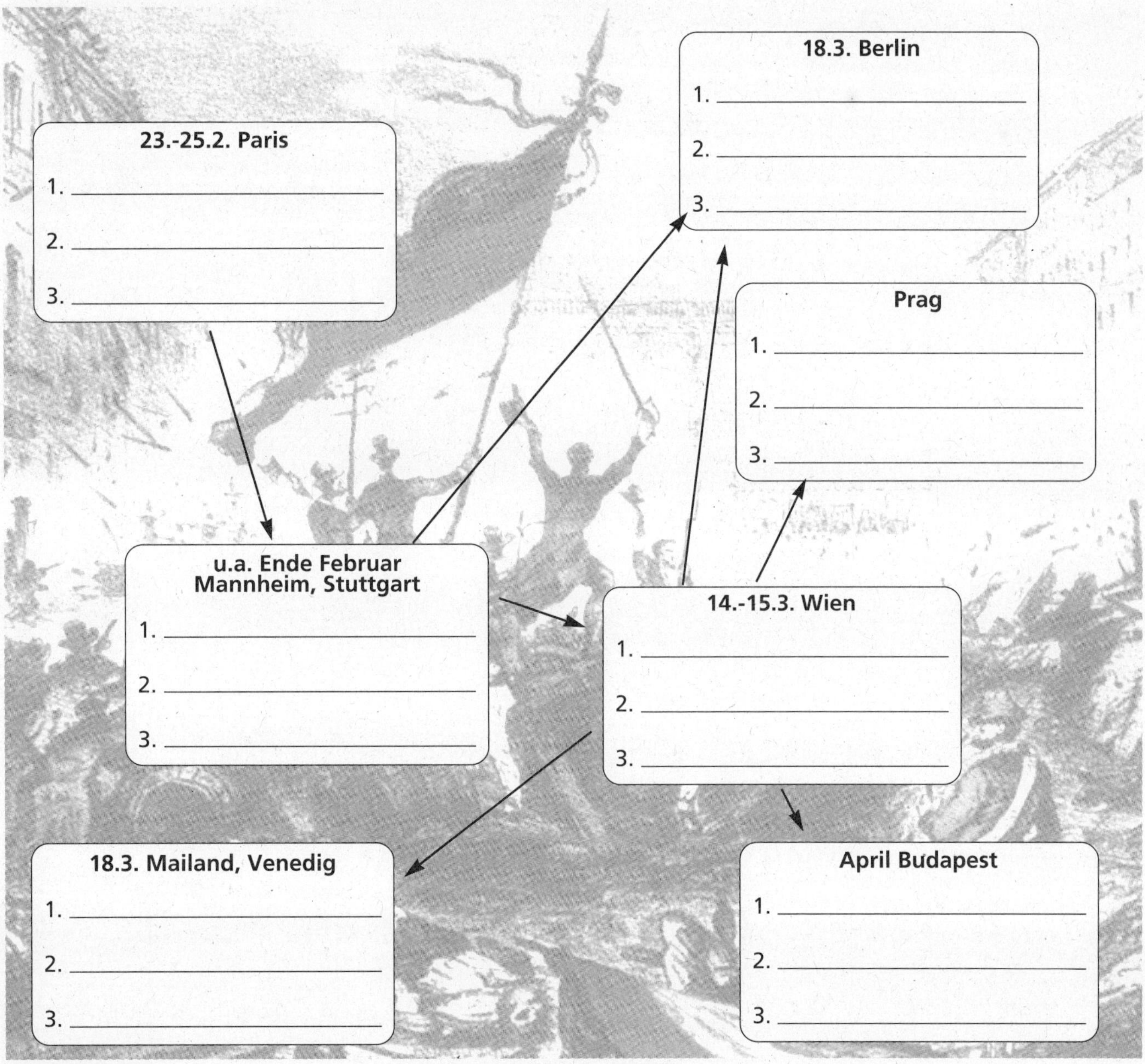

Aufgabe 1: *Suche die im Lehrbuch enthaltenen Informationen zu den revolutionären Ereignissen und fülle damit die Kästchen aus. Schreibe hinter 1 = In welchem Land?, 2 = wichtiges Ziel, 3. = Hauptgegner.*

Aufgabe 2: *Lege das Thema für einen Vortrag fest, aus dem du noch fehlende Angaben erhalten kannst.*

______

Aufgabe 3: *Zeichne mit einem Rotstift die Pfeile zu den einzelnen Zentren nach. Was erkennst du im Hinblick auf Ausgangspunkt der Ereignisse und Geschwindigkeit der Ausbreitung?*

______

Aufgabe 4: *Schreibe auf, was die Revolution in Europa im ersten Ansturm erreichte.*

______

Die Frankfurter Nationalversammlung

Ende März 1849 stimmte eine knappe Mehrheit der Abgeordneten der Frankfurter Nationalversammlung für die Annahme der von ihr erarbeiteten Reichsverfassung. Darin enthalten sind erstmals „Grundrechte des deutschen Volkes".

§ 137. *... Der Adel als Stand ist aufgehoben ... Die Deutschen sind vor dem Gesetz gleich ...*
§ 138. *Die Freiheit der Person ist unverletzlich ...*
§ 143. *Jeder Deutsche hat das Recht, durch Wort, Schrift, Druck und bildliche Darstellung seine Meinung frei zu äußern.*
§ 144. *Jeder Deutsche hat volle Glaubens- und Gewissensfreiheit...*
§ 153. *Das Unterrichts- und Erziehungswesen steht unter der Oberaufsicht des Staates ...*
§ 161. *Die Deutschen haben das Recht, sich friedlich und ohne Waffen zu versammeln ...*
§ 162. *Die Deutschen haben das Recht, Vereine zu bilden ...*

(Deutsche Geschichte in Quellen und Darstellung Band 7. Stuttgart 1997 (Reclam), S. 327 ff.)

Aufgabe 1: *Vervollständige das Schema zu den Grundrechten. Versuche bei der Formulierung einen möglichst kurzen, aber aussagefähigen Begriff zu finden.*

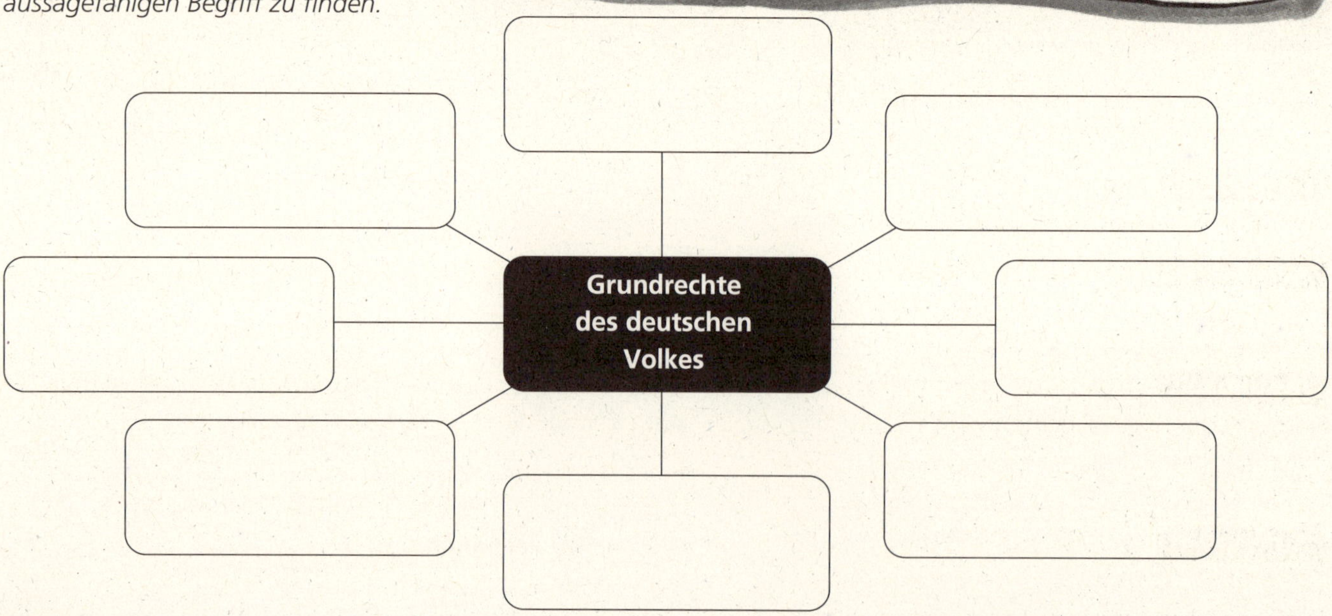

Die Bevölkerung Deutschlands setzte große Hoffnungen in die Arbeit an der Verfassung. Sie beteiligte sich daran, indem sie eine ganze Flut von Bittschriften nach Frankfurt schickte und Forderungen an die von ihnen gewählten Abgeordneten stellte. Entscheidend aber war schließlich, wie sich die mächtigsten Herrscher zu der Verfassung stellten. Österreich, die Könige von Sachsen, Hannover, Bayern und Württemberg lehnten ab, und auch aus Preußen kam ein „Nein!". Im Juni 1849 wurde das Parlament durch Militär endgültig aufgelöst.

Ein Karikaturist wollte im Jahre 1849 auf seine Weise diese Situation veranschaulichen.

Aufgabe 2: *Finde heraus, welcher Mittel er sich dabei bediente und beantworte dann die Fragen unter der Karikatur.*

Wie macht der Karikaturist deutlich, dass es hier um Fragen der Verfassung geht?

___

Als was stellt er die Abgeordneten dar?

___

Mit welchen zeichnerischen Mitteln verdeutlicht er, wie es um die Macht des Parlaments im Sommer 1849 steht?

___

Aufgabe 3: *Erweitere die Karikatur durch einen kurzen Text: Was könnte der prügelnde Lehrer gerade sagen? Trage das in die Sprechblase ein.*

Michels revolutionärer Tatendrang

Aufgabe 1: *Beschreibe den Gesichtsausdruck und die Kappe des deutschen Michel im Verlauf der Revolution von 1848/49.*

Aufgabe 2: *Ordne den Karikaturen Ereignisse der Revolution zu.*

Aufgabe 3: *Schreibe in die Sprechblasen die jeweilige Stimmung Michels ein.*

1.1

Zeit	*Ereignisse*
Feb. 1848	
18.3.1848	

1.2

Zeit	*Ereignisse*
Mai 1848	
Dez. 1848	

1.3

Zeit	*Ereignisse*
April 1848	
Sommer 1848	

„Die verschiedenen Stände der Frau"

– so nannte der Maler den als Wandschmuck gedachten Öldruck. Er gibt darüber Auskunft, welche Berufe man damals Frauen zugestand und welches Ansehen in der Gesellschaft diese Berufe hatten.

Aufgabe 1: *Was gehört zusammen? Verbinde Bildteil, Berufsbezeichnung und Tätigkeitsbeschreibung, indem du ihnen gleiche Ziffern zuordnest.*

Nr.	Beruf	Tätigkeitsbeschreibung	Gehört zu Nr.
1	HAUSMÄDCHEN	Ich blick' vertrauend auf zu Gott. Er gibt durch mich euch allen Brot.	
2	BARMHERZIGE SCHWESTER	Ich koche, wasche, fege aus, bin unentbehrlich drum im Haus.	
3	SCHNEIDERIN	Ich lehr' die kleinen Mägdelein, im Leben weis' und sittsam sein.	
4	KINDERMÄDCHEN	Ich tu' in Werkstatt und Fabrik jedwede Arbeit mit Geschick.	
5	ARBEITERIN	Ich wart' und pflege euch geschickt, wenn ihr das Licht der Welt erblickt.	
6	BÄUERIN	Ich opfere mich, um Gottes Willen, der Armen Schmerz und Not.	
7	LEHRERIN	Ich lief're, was die Frau begehrt und ihres Körpers Schönheit mehrt.	

Aufgabe 2: *Zwei Berufe sieht der Maler als Grundlage für alle anderen an. Er stellt sie auf die gleiche Stufe und verbindet sie durch den Reim. Welche Frauen sind es?*

Aufgabe 3: *Die selbstständige Schneiderin nimmt einen besonderen Platz ein, denn sie unterscheidet sich in ihrer gesellschaftlichen Stellung von allen anderen. Aber wodurch?*

Aufgabe 4: *Nenne Berufe, die damals für Frauen undenkbar waren.*

So muss man ja nicht gleich reagieren

Die nachfolgenden Aussagen stammen aus Schülerarbeiten über die Zeit von 1814 bis 1849. Jede einzelne enthält mindestens einen Fehler. Der Lehrer reagiert so, wie es wohl für viele seiner Kollegen im 19. Jahrhundert typisch gewesen sein mag. Du weißt, dass das den Schülern nicht hilft. Korrigiere deshalb die Aussagen so, dass sie daraus entnehmen können, wie die richtige Antwort lauten muss.

Aufgabe 1: *Unterstreiche die falschen Angaben in den Sätzen. Verwende dazu einen Rotstift.*

Was ist falsch an diesen Aussagen?	***Die richtige Antwort müsste lauten:***
– *Die Wiederherstellung alter Zustände nennt man Revolution.*	
– *1814/15 trafen sich die Herrscher Europas in Hambach und forderten soziale Gerechtigkeit.*	
– *1815 wurde der Deutsche Bund gegründet. Das war ein einheitlicher deutscher Staat. Den Vorsitz hatte Preußen.*	
– *Die Burschenschaften waren Vereinigungen der Handwerker.*	
– *Das Wartburgfest fand 1819 statt. Hier trafen sich über 25 000 Studenten.*	
– *Fürst Metternich, der preußische Ministerpräsident, setzte 1819 die Karlsbader Beschlüsse durch.*	
– *Georg Büchner ermordete 1819 den Dichter August Kotzebue.*	
– *Das Biedermeier war eine studentische Bewegung, die die Menschen zum Kampf gegen die Fürsten aufrief.*	
– *„Deutschland, ein Wintermärchen" ist eines der bekanntesten Bilder des romantischen Malers Caspar David Friedrich.*	
– *Der Dichter des „Liedes der Deutschen" heißt Heinrich Heine.*	
– *„Friede den Hütten, Krieg den Palästen!", das war die Losung einer politischen Flugschrift von Carl Spitzweg.*	
– *In der Revolution von 1848/49 erfüllte sich endlich der lang ersehnte Wunsch des deutschen Volkes nach Einheit.*	
– *Wilhelm IV., österreichischer König, half den Revolutionären mit Militär.*	
– *Die Abgeordneten der Frankfurter Nationalversammlung konnten 1849 der Bevölkerung mitteilen, dass Deutschland eine Republik geworden war.*	

Aufgabe 2: *Schreibe in die rechte Spalte, wie die richtigen Aussagen hätten lauten müssen.*

Alle wollten englische Baumwollstoffe – wo lag das Problem?

Baumwollstoffe sind leichter, besser waschbar, farbenprächtiger als Tuche aus Schafwolle oder Stoffe aus Leinen. Deshalb waren sie der englische Exportschlager und in ganz Europa überaus begehrt. Eigentlich ein Grund zur Freude, aber ...

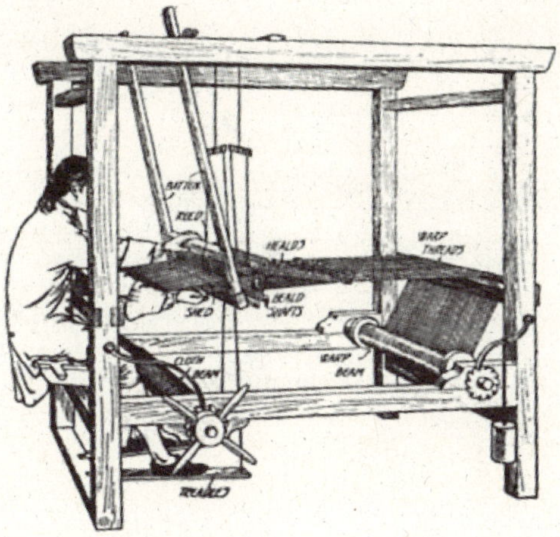

Ein Weber verarbeitete um 1750 so viel Garn, wie 8 bis 12 Spinnerinnen liefern konnten.

Aufgabe 1: *Beschreibe das Problem. Verwende dazu den Begriff „Spinnfadenhunger".*

Eine wahre Flut von Erfindungen setzte ein.

1764 „Spinning Jenny"

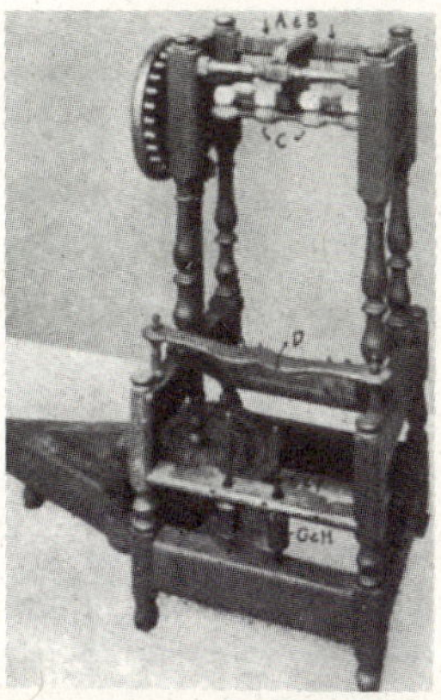

1769 „Spinning Throstle"

1775 „Mule-Spinnmaschine"

Aufgabe 2: *Welches Problem wurde damit gelöst? Welches neue Missverhältnis trat auf?*

Ein Pfarrer aus der Grafschaft Nottinghamshire, Cartwright, nahm sich des neuen Problems an. 1804 war seine Erfindung so weit ausgereift, dass sie bestehen konnte. Es handelt sich um den

____

Damit war in der Textilindustrie die Handarbeit durch

______________________ weitgehend abgelöst worden.

Die Dampfmaschine – das neue Arbeitspferd

1782 hatte James Watt seine Dampfmaschine so weit entwickelt, dass sie bei einem damals vergleichbar geringen Kohleverbrauch eine hohe Leistung erbrachte. Es war seine doppeltwirkende Dampfmaschine, bei der der Dampfdruck abwechselnd auf beide Seiten des Kolbens wirkt. Wie funktionierte das? Sehen wir uns den ersten Arbeitstakt an.

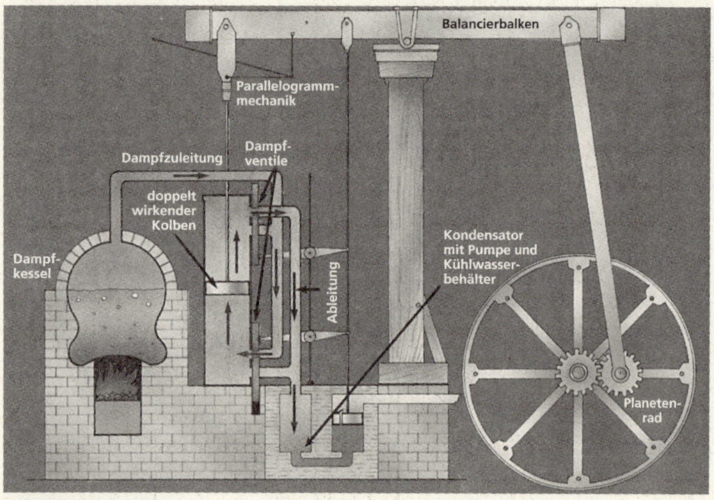

Über die Zuleitung wird der Dampf durch das untere Einlassventil in den unteren Teil des Zylinders geleitet. Dort treibt er den Kolben nach oben. Dabei wird der erkaltete Dampf des vorangegangenen Arbeitstaktes über das obere Auslassventil in Richtung Kondensator gedrückt. Der linke Teil des Balancierbalkens bewegt sich dabei nach oben, der rechte nach unten. Über das Planetenrad wird das Schwungrad in eine drehende Bewegung versetzt.

Aufgabe 1: *Mache dir mit roten Pfeilen im zweiten Schema deutlich, wie beim zweiten Arbeitstakt der Dampf durch den Zylinder in den Kondensator geleitet wird.*

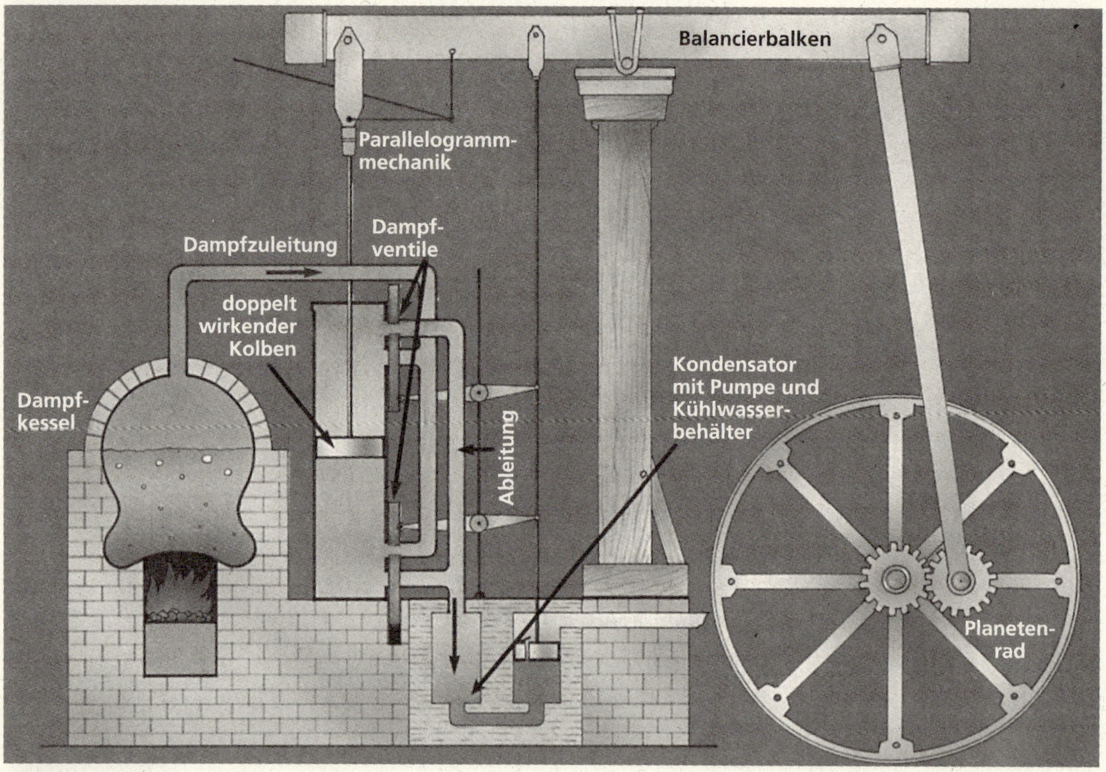

Aufgabe 2: *Beschreibe nach dem Vorbild des ersten Arbeitstaktes den zweiten.*

Wie lassen sich die vielen Maschinen am besten antreiben?

Aufgabe 1: *Die Abbildung zeigt uns das Innere eines Betriebs in Manchester um 1830. Die Maschinen darin kennst du bereits. Schätze, wie viele es ungefähr sein könnten.*

Aufgabe 2: *Nun kannst du auch bestimmen, in was für einer Fabrik wir uns befinden.*

Aufgabe 3: *Welche Energieform eignet sich am besten zum Betreiben dieser Maschinen? Fülle dazu die Tabelle aus.*

Energieform	Vorteile	Nachteile	geeignet/nicht geeignet
Wind			
Wasser			
Zugkraft von Tieren			
Dampfmaschine			

„Eiserne Engel“ oder „Schwarze Teufel“?

1865: In Koblenz begegnen sich Postkutsche und Eisenbahn. Der Postillion schmettert ein fröhliches Ankunftssignal in sein Horn. Ob er auch wirklich fröhlich ist? Was mag ihm in diesem Moment durch den Kopf gehen?

Aufgabe 1: *Welche Gedanken mögen ihm durch den Kopf gegangen sein? Trage sie in die Sprechblase ein.*

Aufgabe 2: *Welche Berufsgruppen könnten noch gegen die Eisenbahn sein?*

Aufgabe 3: *Die Karikatur beinhaltet Forderungen und Argumente der Bahngegner. Formuliere dazu eine witzige Überschrift.*

Aufgabe 4: *Du bereitest dich als Vertreter einer Eisenbahngesellschaft im Jahre 1851 auf eine Versammlung vor, in der du Landeigentümer von der Notwendigkeit des Baus einer Eisenbahnlinie überzeugen willst, die auch durch deren Felder, Wiesen und Wälder führen soll. Mit welchen Gegenargumenten musst du rechnen? Stelle dazu in einer Tabelle Vor- und Nachteile zusammen.*

Vorteile	***Nachteile***

Aufgabe 5: *Trage mit Hilfe der Karte auf Seite 3 ein, in welchen deutschen Staaten bis 1850 Eisenbahnen fuhren.*

Staaten:

Aufgabe 6: *1850 hatte das Eisenbahnnetz in Deutschland eine Länge von etwa 6 000, zwanzig Jahre später von 19 600 Kilometern. Wie viel Kilometer Eisenbahnstrecke wurden im Durchschnitt zwischen 1850 und 1870 im Jahr mit einfachsten Mitteln gebaut ?*

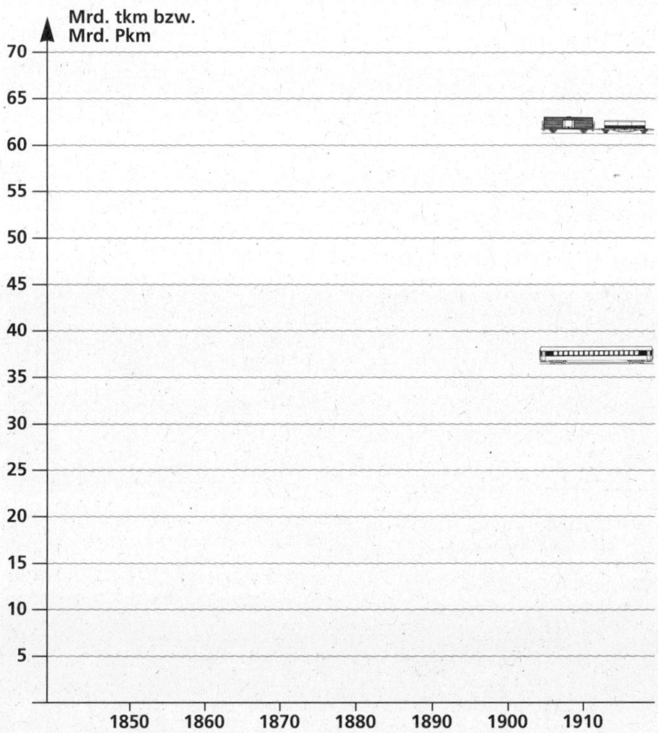

Aufgabe 7: *Gestalte zwei Kurvendiagramme, die den Leistungsumfang im Güter- und Personenverkehr der Eisenbahnen von 1850 bis 1910 veranschaulichen. Gestalte die Kurven unterschiedlich farbig. In der Nähe ihrer Endpunkte findest du zur Kontrolle deiner Arbeit ein Symbol.*

Die Leistungen im Güterverkehr werden angegeben in Mrd. tkm, d.h. man multipliziert das Gewicht des Transportgutes in t mit den zurückgelegten Kilometern.
Die Leistungen im Personenverkehr werden gemessen in Pkm. (Anzahl der beförderten Personen mal zurückgelegter Kilometer.

Jahr	*1850*	*1860*	*1870*	*1880*	*1890*	*1900*	*1910*
Tkm	*0.23*	*1.63*	*5.3*	*13.5*	*22.5*	*37.0*	*56.4*
Pkm	*0.56*	*1.74*	*4.4*	*6.5*	*11.3*	*20.2*	*35.7*

Aufgabe 8: *Trotz vieler Gegner hat sich die Eisenbahn durchsetzen können. Warum?*

Was veränderten diese Neuerungen und Erfindungen?

Aufgabe 1: *Benenne die auf den Abbildungen dargestellten Erfindungen.*

Aufgabe 2: *Welche Veränderungen bewirkten sie?*

1. *Die erste eiserne Brücke.*
2. ____________________

____

1. ____________________
2. ____________________

____

1. ____________________
2. ____________________

____

1. ____________________
2. ____________________

____

1. ____________________
2. ____________________

____

Wer kann das bezahlen?

Ein Bild eines Hüttenwerkes aus dem Jahr 1820. Du erkennst die Hochöfen, den riesigen Schornstein, die Gebäude, die zur Hütte gehören.

Das war ein typisches Bild aus der Zeit der Industrialisierung. Aber wer bezahlte das alles? Diese Frage soll nun beantwortet werden.

Aufgabe 1: *Wir bilden zunächst aus den Silben wichtige Begriffe, mit deren Hilfe wir das nachfolgende Schema erklären können. Orientiere dich also bei der Begriffssuche auch an den Bestandteilen des Schemas.*

ak - an - de - den - di - dien - ge - ka - mer - ne - neh - pi - schaft - schei - sell - tal - teil -ter - un - vi

Die gesuchten Begriffe lauten:

1. ______________________________
2. ______________________________
3. ______________________________
4. ______________________________
5. ______________________________

Aufgabe 2: *Nummeriere im Schema die Bestandteile mit der Ziffer, die du vor den dazugehörenden Begriffen zu stehen hast.*

Aufgabe 3: *Vervollständige nun den Text, indem du anstelle der Begriffe die entsprechenden Ziffern einsetzt. Er beantwortet zusammenhängend unsere Frage.*

Ein (   ) schaffte es oft nicht, genügend (   ) zum Aufbau eines Werks oder zur Einführung eines neuen technischen Verfahrens aufzubringen. Deshalb schlossen sich mehrere Eigentümer von (   ) zusammen und gründeten eine (   ). Für das eingezahlte (   ) erhielten sie (   ). Blühte das Werk, konnte man am Jahresende den Gewinn, d. h. die (   ) unter sich aufteilen. Außerdem stieg der Wert der einzelnen (   ). Man konnte sie teuer weiterverkaufen. War jedoch das Unternehmen der Konkurrenz nicht gewachsen, so waren das eingezahlte (   ) verloren und die (   ) nichts mehr wert.

Geheimnis im Gartenhaus

Einwohner von Bad Canstatt hatten die Polizei darauf aufmerksam gemacht, dass aus einem Gartenhaus seit einiger Zeit verdächtige Geräusche zu hören waren. Sie vermuteten, dass Falschmünzer am Werke seien. Denen musste man das Handwerk legen. Ein Detektiv und zwei Polizisten schlichen sich deshalb in einer Nacht im Sommer 1885 in das Gartengrundstück und entdeckten … zwei Bastler, Gottlieb Daimler und Wilhelm Maybach, die an der Verbesserung von Motoren tüftelten. Bereits 1883 war es ihnen gelungen, einen Motor zu konstruieren, der mit einer Geschwindigkeit bis zu 900 Umdrehungen in der Minute lief. 1885 baute Daimler das erste Motorrad der Welt, seinen Reitwagen.

Unabhängig und gleichzeitig entwickelte 1885 in Mannheim Carl Friedrich Benz einen ersten dreirädrigen Kraftwagen mit wassergekühltem Viertaktmotor und elektrischer Zündung.

Wie erfolgreich diese Erfindungen nach wenigen Jahren schon waren, zeigt die nachfolgende Reklame.

Patent-Motor-Wagen „Benz“

Ersatz für Pferde. — Für 2, 4, 6, 8 und 12 Personen.

Preis von Mk. 2500.– an mit ca. 3pferdigem Motor u. 3 Uebersetzungen.

Bis 1. October 1899 wurden **2000** Wagen abgeliefert.

Bei den Wettfahrten „Paris-Bordeaux“ — „Paris-Marseille“ — Chicago“ — „Marseille-Nice“ — „Frankfurt a/M.-Köln“ — „Mainz-Coblenz-Mainz“ — „Innsbruck-München“ glänzende Resultate erzielt. — ☞ **Neueste Erfolge 1899:** Berlin-Baumgartenbrück-Berlin, 65 Km.: 1. Ehrenpreis. — Berlin-Leipzig, 185 Km. Klasse Rennwagen: 1. Ehrenpreis. Klasse Tourenwagen: 1. und 2. Ehrenpreis.

☞ **Höchste Auszeichnungen auf allen beschickten Ausstellungen.** ☜

Vertretungen und Lager in **Aachen, Berlin, Dresden, Hamburg, Krefeld, München, Strassburg i. Els., Wiesbaden, Basel, Barcelona, Brüssel, London, Madrid, Mailand, Moskau, Nymwegen, Paris, St. Petersburg, Wien, Buenos-Aires, Mexico, Bombay, Capetown, Cairo.** (74 a)

Benz & Co., Rheinische Gasmotoren-Fabrik, A.-G., Mannheim (Baden).

Aufgabe 1: *Aus welchem Jahr könnte diese Anzeige wahrscheinlich stammen?*

Aufgabe 2: *Wie erklärst du dir die Form des Motorwagens?*

Aufgabe 3: *Mit welchen Argumenten wird für das Fahrzeug geworben?*

Aufgabe 4: *Entwirf eine Anzeige für den angenommenen Fall, dass du eines der Autos auf der folgenden Seite heute verkaufen könntest.*

Erkennst du die Oldtimer?

In den Spalten 2 und 3 stimmt etwas nicht! Jahreszahlen, Abbildungen und Beschriftung sind durcheinander geraten.

Aufgabe 1: *Trage in den zwei rechten Spalten ein, welche Abbildung und welcher Fahrzeugtyp den Jahreszahlen zuzuordnen sind. Text und Abbildung der vorangegangenen Seite helfen dir ein wenig.*

			Nummer der Abb.	Typ
1885	1 	Patent-Motor-Wagen „Benz“		
1885	2 	Bugatti Typ 41 Royale		
1898	3 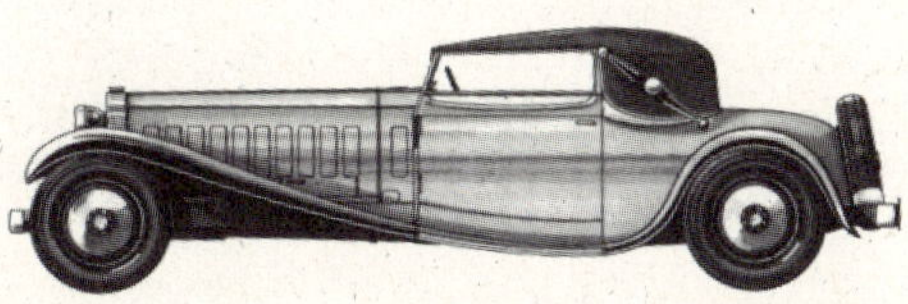	Dreirädriger Motorwagen von Benz		
1913	4 	Büssing-Lastwagen		
1932	5 	Daimlers Petroleum-Reitwagen		

Hightech 1897

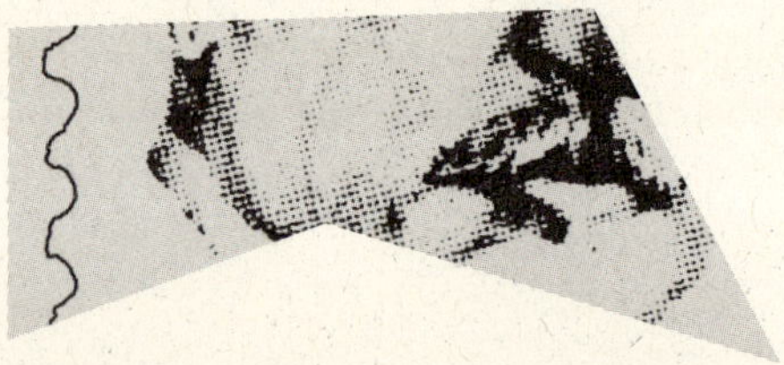

1897 war es fertig, das Wunderding, das knatternd lief und heute noch millionenfach, wenn auch viel leiser, läuft. Sein Name ist identisch mit dem Familiennamen des Erfinders. 1997 ehrte ihn die Post mit dieser Marke.

Aufgabe 1: *Füge die Teile zusammen, damit du weißt, worum es sich hier handelt.*

Aufgabe 2: *Ergänze im Bild neben „100 Jahre", was hier geehrt wird.*

Mit welchen Worten wurde 1861 das erste Telefon getestet?

Aufgabe 1: *Ordne zunächst den Erfindern gedanklich ihre Erfindungen zu.*

Aufgabe 2: *Schreibe die in Klammern stehende Silbe unter das Bild des jeweiligen Erfinders.*

Aufgabe 3: *Die Silben, in der richtigen Reihenfolge gelesen, beantworten die Frage der Überschrift.*

George Stephenson

____

Thomas Alva Edinson

____

Carl Friedrich Benz

____

Werner von Siemens

____

James Watt

____

Samuel Morse

____

Gottlieb Daimler

____

Philipp Reis

____

Nikolaus Otto

____

Dampfmaschine (NEN),

Dampflokomotive (DAS),

Viertakt – Ottomotor (LAT),

motorgetriebenes Zweirad (KEN),

motorgetriebener dreirädriger Wagen (FRISST),

Glühlampe (PFERD),

Dynamo (KEI),

elektromagnetischer Schreibtelegraph (GUR),

Telefon (SA)

12 bis 16 Stunden angeschirrt wie Hunde …

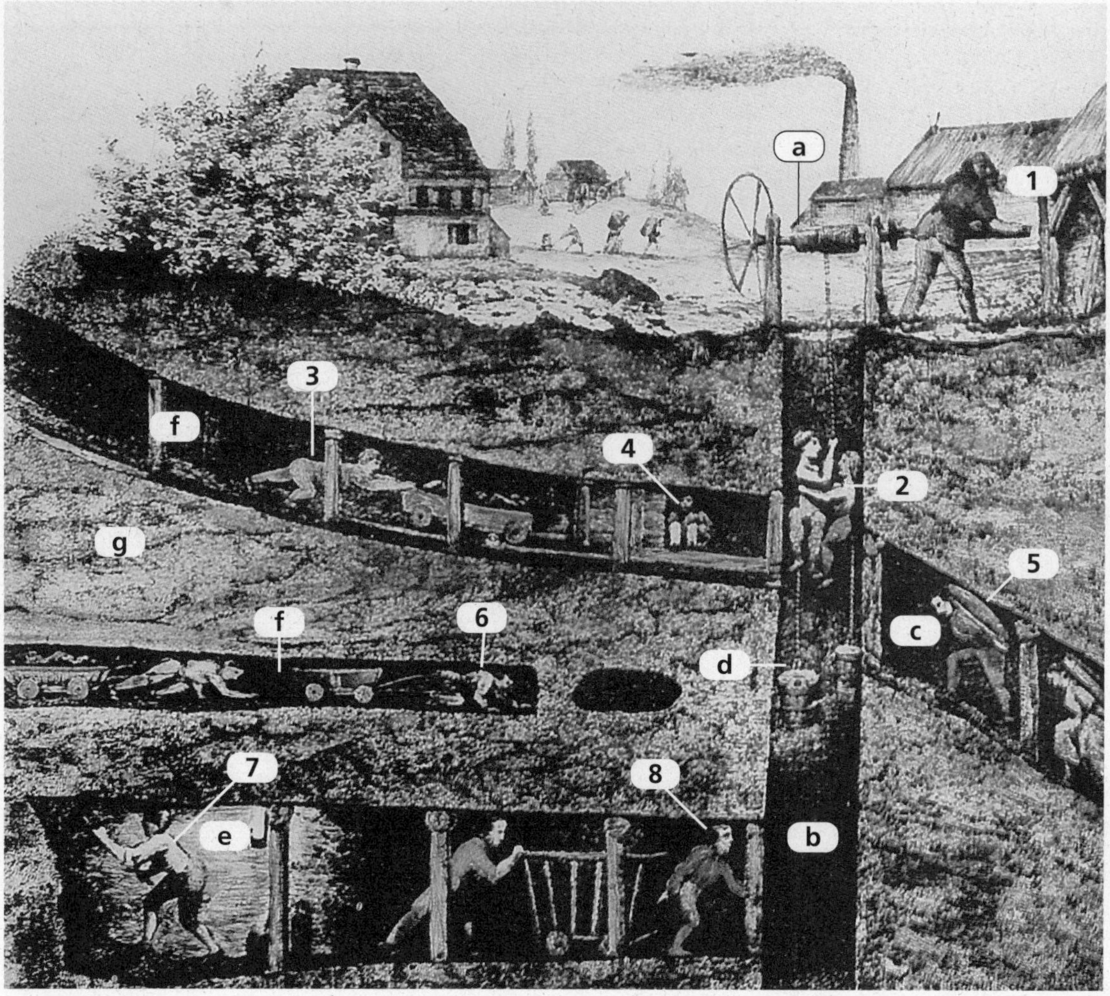

Kinderarbeit gehört zu den schrecklichsten Begleiterscheinungen der Industrialisierung. In den meisten Industriezweigen war sie anzutreffen. Besonders hart war aber die Arbeit für die Kinder in den Kohlebergwerken. Wir wollen uns ein genaueres Bild von den Bedingungen dort und der Arbeit der Kinder machen.

Aufgabe 1: *Benenne mit den nachfolgenden Begriffen Bestandteile eines Kohlebergwerks um die Mitte des 19. Jahrhunderts:* ***Fördertonne – Haspel – Taubes Gestein – Förderseil – Grubenlampe – Fahr- und Förderschacht – Stollen oder Strecke.*** *Welche Funktion haben sie?*

a) ______

b) ______

c) ______

d) ______

e) ______

f) ______

g) ______

Aufgabe 2: *Untersuche nun, welche Arbeiten im Bergwerk zu verrichten waren und ob sie von Kindern (K) oder Erwachsenen (E) zu leisten waren. Die vergrößerten Bildausschnitte können dir bei der Aufgabe in den Spalten 3 bis 5 helfen.*

	K / E	*Um welche Tätigkeit handelt es sich?*	*Warum werden gerade diese Personen für diese Arbeit eingesetzt?*	*Mit welchen Schwierigkeiten werden sie bei dieser Arbeit zu tun haben?*
1				
2				
3				
4				
5				
6				
7				
8				

Dieser kleine Kerl sitzt 12 bis 16 Stunden lang im Dunkeln. Er muss die Tür im Stollen öffnen, wenn sich ein beladener Hunt nähert. Die Tür dient der Verhinderung von Schlagwettern, also gefährlichen Explosionen.

Träume eines Mädchens in deinem Alter

Um 1875 in Ravensburg: Bauern werben Kinder ärmerer Eltern für Feldarbeiten und zur Viehbetreuung an. Es geht dabei zu wie auf einem Markt. Für die Zeit vom 19. März bis zum 1. November fällt für die Kinder die Schule aus. Unter ihnen befindet sich auch Marie.

Aufgabe 1: *Warum lassen die Eltern ihre schulpflichtigen Kinder bei fremden Bauern arbeiten?*

Aufgabe 2: *Wieso werden die Bauern ein besonderes Interesse an der Arbeit von Kindern haben?*

Aufgabe 3: *Beschreibe kurz deinen Eindruck von dieser Situation.*

Aufgabe 4: *Notiere, welche Wünsche Marie für die Zeit zwischen März und November haben könnte. Setze deine Wünsche für diesen Zeitraum daneben.*

Maries Wunschzettel

Mein Wunschzettel

„Der das geschrieben, Mutter, der sagt die Wahrheet",

so lässt Gerhart Hauptmann 1893 in einem Drama einen alten Weber ausrufen, nachdem er einige Strophen des Liedes vom „Blutgericht" gehört hatte. Dieses Lied spielte im Aufstand der schlesischen Weber im Jahr 1844 eine bedeutende Rolle.

„Ihr Schurken all, ihr Satansbrut,
Ihr höllischen Dämone,
Ihr fresst der Armen Hab und Gut,
und Fluch wird euch zum Lohne.

Ihr seid die Quelle aller Not,
Die hier den Armen drücket,
Ihr seid's, die ihm das trockne Brot
Noch vor dem Mund wegrücket.

Was kümmert's euch, ob arme Leut
Kartoffeln satt könn'n essen,
Wenn ihr nur könnt zu jeder Zeit
Den besten Braten fressen ...

Ich frage: wem ist's wohlbekannt.
Wer sah vor zwanzig Jahren
Den übermütgen Fabrikant
In Staats-Karossen fahren?

Sah man da wohl zu jener Zeit
Paläste hocherbauen
Mit Türen, Fenstern prächtig weit,
Fast fürstlich anzuschauen."

Aufgabe 1: *Auf welchen Sachverhalt will das Lied aufmerksam machen?*

Aufgabe 2: *Auch der Holzschnitt nimmt sich der Notlage der Weber an. Was für eine Situation zeigt er?*

Aufgabe 3: *Formuliere deine Meinung zum Lied der schlesischen Weber.*

Aufgabe 4: *Nenne Ursache für die Verelendung der Weber. Vergleiche dazu auch den links im Holzschnitt zu erkennenden Webstuhl mit dem Stand der englischen Tuchfabrikation. (s. S. 22)*

Streik – eine starke Waffe der Schwachen

„Ein Streik bricht aus", so nannte Robert Köhler 1886 sein Bild. Arbeiter ziehen vor den Sitz des Unternehmers und tragen ihre Forderungen vor. Das Gemälde zeigt gleichzeitig, dass es auch Zaghaftigkeit gab, sich am Streik zu beteiligen, denn das war damals mit großen Risiken verbunden, wie du auf der nächsten Seite erfahren kannst.

Aufgabe 1: *Betrachte die Haltung der Personen und notiere, was sie in dieser Situation gedacht oder gesagt haben könnten.*

1.
2.
3.
4.
5.

Streiks in Deutschland 1850 bis 1866

	Streiks um Löhne	Streiks um Arbeitszeit	Streiks um Löhne und Arbeitszeit
1850-56	23	-	2
1857	38	-	3
1858-66	80	1	11

Aufgabe 2: *Wie entwickelte sich bei den Arbeitern die Bereitschaft zur Teilnahme an Streiks?*

Worum ging es den streikenden Arbeitern im 19. Jahrhundert? Sehen wir uns dazu Auszüge aus einem Streikbeschluss vom Oktober 1871 an.

Die Arbeiter der Central-Werkstatt zu Nippes fordern: *Nippes, den 22. Oktober*

1. *Die Ermäßigung der Arbeitszeit von 11 auf 10 Stunden*
2. *Eine Lohnerhöhung von 25 Prozent*
3. *Wegfall sämtlicher Strafen, welche bisher in Geld bestanden*
4. *Bei Auszahlung des Lohnes Verabfolgung eines Lohnzettels …*
5. *Eine humanere und würdigere Behandlung der Arbeiter seitens ihrer Vorgesetzten … Wir sind nicht länger gesonnen, uns einer so schmachvollen tyrannischen Behandlung seitens unserer Vorgesetzten zu fügen: Wir sind und wollen freie Deutsche bleiben und lassen uns in unserer treuen Pflichterfüllung nicht das mindeste Unrecht gefallen, wie dies bisher geschah.*

Eine nicht sofortige Beantwortung dieses unseres Gesuches werden wir als Nichtbewilligung unserer gerechten Forderungen ansehen, und alle die Arbeit am künftigen Mittwoch … niederlegen.

Das Komitee,
Johann Wytzka, Vorsitzender *Nippes, den 26. Oktober*

Der erwartete Streik ist ausgebrochen. 800 Arbeiter brotlos. Hilfe tut not. Unterstützungen senden an: J. Wytzka, Südstraße 225, Nippes

(Grebing, H.: Arbeiterbewegung. Sozialer Protest und kollektive Interessenvertretung bis 1914. München 1987 (dtv), S. 143 Deutsche Geschichte)

Aufgabe 3: *Wer ruft zum Streik auf?*

Aufgabe 4: *Fasse die Forderungen in wenigen Stichworten zusammen.*

Aufgabe 5: *Wie ist deine Meinung zu den Forderungen?*

Aufgabe 6: *Wie erklärst du dir den nachfolgenden Aufruf vom 26. Oktober ?*

Aus einem Flugblatt Magdebuger Unternehmer vom Juli 1878

„Darum ist es unsere Pflicht, den Verführern mit allen Mitteln entgegenzutreten, und sind wir daher übereingekommen:
1. *nicht zu dulden, dass in unseren Werkstätten sozialistische Zeitungen und Schriften Eingang finden oder Gelder für sozialistische Ziele gesammelt werden, und diejenigen Arbeiter zu entlassen, welche diesen Anordnungen entgegenhandeln sowie*
2. *alle diejenigen Arbeiter zu entlassen, welche als Förderer des sozialistischen Treibens innerhalb und außerhalb der Werkstätten tätig sind.*

(Quellensammlung zur Geschichte der Arbeiterbewegung im Bezirk Magdeburg. Teil 1 Magdeburg 1969, S. 37)

Aufgabe 7: *Wie reagierten Unternehmer auf diese und andere Formen der Vertretung von Arbeiterinteressen?*

Wer hilft mir aus der Not, sie oder er?

1 Aufruf von 1869 zum Gründungskongress der Internationalen … Gewerksgenossenschaft

„Rings um uns sehen wir die Berufsgenossen der verschiedensten Industriezweige, die unter den gleichen Ursachen wie wir leiden, sich zusammenscharen, um den Kampf gegen ein System aufzunehmen, das in seinen Konsequenzen die vollständige Unterdrückung und Aussaugung des arbeitenden Volkes herbeiführen muss. Vereinigung! Organisation! ist der Ruf und die Losung der Unterdrückten aller Völker. Auch wir wollen einstimmen in diesen Ruf und handeln …"

(Deutsche Geschichte in Quellen und Darstellung, Band 7: Vom Deutschen Bund zum Kaiserreich 1815 – 1871, Stuttgart 1997 (Reclam), S. 179 ff.)

Alfred Krupp 1877 vor Betriebsangehörigen: 2

„Ich habe den Mut gehabt, für die Verbesserung der Lage der Arbeiter Wohnungen zu bauen … Genießt, was euch beschieden ist. Nach getaner Arbeit verbleibet im Kreise der Eurigen … Höhere Politik treiben erfordert mehr freie Zeit und Einsicht in die Verhältnisse, als dem Arbeiter verliehen ist."

(Schade / Stark: Geschichte in der Gegenwart. Lehr- und Arbeitsbuch für Geschichte. Bad Homburg vor der Höhe 1995 (Verlag Dr Max Gehlen), S. 184)

Angebote zur Hilfe aus den Jahren 1869 (1) und 1877 (2) liegen vor unserem Arbeiter.

Aufgabe 1: *Versetze dich in seine Situation und beantworte die Fragen.*

Von wem wird mir Hilfe angeboten?	1. 2.
Was wird mir versprochen?	1. 2.
Welche konkreten Vorteile für mich haben die Hilfsangebote?	1. 2.
Was wird von mir verlangt?	1. 2.
Welche Nachteile ergeben sich daraus für mich?	1. 2.
Welches Angebot sehe ich für besser an?	1. 2.

Auch Arbeiterfrauen melden sich zu Wort

Die nachfolgenden Auszüge aus Schriften der Jahre zwischen 1849 und 1865 verdeutlichen die damals vorherrschende Ansicht zur Rolle der Frauen.

Vereinsgesetz von 1850

§ 8 Für Vereine, welche bezwecken, politische Gegenstände zu erörtern, gelten nachstehende Beschränkungen:

a) sie dürfen keine Frauenspersonen … als Mitglieder aufnehmen

b) Frauenspersonen … dürfen den Versammlungen und Sitzungen solcher politischer Vereine nicht beiwohnen.

(Aus: Asche, S. / Huschens, A.: Frauen – Gleichberechtigung, Gleichstellung, Emanzipation? Frankfurt 1990 (Diesterweg), S. 175 ff.)

W. A. Lette in „Der Arbeiterfreund" 1865

„Was wir nicht wollen und niemals, auch nicht in noch so fernen Jahrhunderten wünschen und bezwecken, ist die politische … Gleichberechtigung der Frauen."

(Lette wurde 1866 Begründer des Vereins zur Förderung der Erwerbsfähigkeit des weiblichen Geschlechts.)

O. Baader: Ein steiniger Weg. Lebenserinnerungen einer Sozialistin. (um 1890)

Frau Dr. Wettstein-Adelt wollte in Chemnitz einen Vortrag halten über „Die Arbeiterinnenfrage". Die Polizei verbot diese Versammlung, denn die Rednerin wollte doch nur unter der Arbeiterschaft aufreizend und entsittlichend wirken …

Aufgabe 1: *Kein Wunder, dass sie sich damit nicht zufrieden gaben und bald ihre Stimmen erhoben. Was werden sie nach dem Lesen solcher Auszüge gefordert haben? Trage das in die Sprechblasen ein.*

Endlich äußert sich auch der Papst zur sozialen Frage

Das Elend der Besitzlosen war zur entscheidenden Frage des 19. Jahrhunderts geworden. Unternehmer, Sozialisten, Gewerkschaften, Verbände und Parteien hatten versucht, Antwort auf die Frage zu geben, wie die Not und das Elend der vielen Besitzlosen behoben werden konnte. Die vielen Menschen katholischen Glaubens hatten aber bislang vergeblich darauf gewartet, dass auch der Papst eine Antwort auf ihre Fragen geben würde:

Wenn du wissen willst, wie das Wappen des Vatikans wirklich aussieht, dann male es aus:
golden: die drei Kronen, der linke Schlüssel, der Stern, die „Henkel" des Wappenschildes, die Lilien, das untere Band
blau: der Hintergrund des Wappenschildes
grün: die Zeder und ihr Untergrund, die beiden Zweige
silbern: der rechte Schlüssel und das Querband in der Mitte des Wappenschildes
rot: das Band um die Schlüssel

Worin liegen die Ursachen für das weit verbreitete Elend?	
Brauchen wir Arbeiter die Kapitalisten?	
Die Sozialisten wollen das Privateigentum als Ursache abschaffen. Ist das richtig?	
Was sagt der Papst zu unserer Behandlung durch die Arbeitgeber?	
Wer garantiert uns, dass man uns vernünftig behandelt?	

Endlich, im Jahre 1891, veröffentlichte der Papst ein Rundschreiben, das großes Aufsehen erregte, weil es Antworten auf die sozialen Probleme gab.

Aufgabe 1: *Lies dir die Fragen der katholischen Arbeitnehmer einzeln nacheinander durch und entscheide dann, welcher Satz aus dem Rundschreiben auf diese Frage antwortet.*

Aufgabe 2: *Trage die Buchstaben hinter den Antwortsätzen in die Tabelle hinter den dazugehörenden Fragen ein. Sie ergeben, von oben nach unter gelesen, die übliche Bezeichnung für die Rundschreiben des Papstes.*

Aus dem päpstlichen Rundschreiben von 1891:

„Bei allen Versuchen, den niederen Klassen aufzuhelfen, ist also durchaus als Grundsatz festzuhalten, dass das Privateigentum unangetastet zu lassen sei."(ZY)

„Das Kapital ist in den Händen einer geringen Zahl angehäuft, während die große Masse verarmt ... Dieses alles hat den sozialen Konflikt wachgerufen, vor welchem wir stehen." (EN)

„Die Pflichten, die ... die Arbeitgeber angehen, sind die nachstehenden: die Arbeiter dürfen nicht wie Sklaven angesehen und behandelt werden." (I)

„Die Lohnarbeiter also, die ja zumeist die Besitzlosen bilden, müssen vom Staat in besondere Obhut genommen werden." (KA)

„So wenig das Kapital ohne die Arbeit, so wenig kann die Arbeit ohne Kapital bestehen." (KL)

Der erste Ozeanriese hat die Lösungen an Bord

Gesucht wird eine Bezeichnung für die beschleunigte wirtschaftliche Entwicklung im 19. Jahrhundert. Sie bildet unseren Suchbegriff und ist zu finden aus jeweils einem Buchstaben der Wörter, die sich im Bauch der „Great Eastern" befinden. Um welchen Buchstaben es sich handelt und in welcher Reihenfolge sie stehen, das erfährst du, wenn du die 22 Lösungswörter den 22 Fragen zugeordnet hast.

Der gesuchte Begriff: □□□□□□□□□□□□ □□□□□□□□□□

1 Funktion der Dampfmaschine _ _ _ _ □ _ _ _ _ _ _ _ _ _ _ _

2 Produktionsstätten seit dem 19. Jahrhundert _ _ _ _ _ _ _ □

3 Erfindung des James Watt □ _ _ _ _ _ _ _ _ _ _ _ _

4 Eigentümer einer Fabrik □ _ _ _ _ _ _ _ _ _ _

5 Sie ersetzt bei der Arbeit die Hand _ _ □ _ _ _ _ _

6 Erfinder der Dampfmaschine _ _ _ □

7 Name der ersten funktionstüchtigen Lokomotive □ _ _ _ _ _

8 Ausgangsort der ersten öffentlichen Eisenbahnlinie der Welt _ _ _ _ □ _ _ _ _ _

9 Fremdwort für Außenhandel □ _ _ _ _ _

10 Bezeichnung der Dampfmaschine im Volksmund _ _ _ _ _ _ _ _ _ _ □

11 Dampfmaschine auf Rädern □ _ _ _ _ _ _ _ _ _

12 Watts Name ist heute Maßeinheit für … _ □ _ _ _ _ _ _

13 Maßeinheit für Leistung der Dampfmaschine früher _ _ _ □ _ _ _ _ _ _ _ _

14 Durch die Dampfmaschine ersetzte Energiequelle _ _ _ _ □ _

15 Gesellschaftliche Folge der Abwanderung vom Land _ □ _ _ _ _ _ _ _ _ _ _ _

16 Erbauer der ersten deutschen Lokomotive _ □ _ _ _ _

17 Handelshemmnis in Deutschland _ _ _ _ _ _ _ _ _ _ _ □ _

18 Vorläufer der Schiffsschraube _ _ _ _ □ _ _ _ _ _ _

19 Organisierte Gruppe von politisch Gleichgesinnten _ _ _ □ _ _

20 Gilt als erste Maschine _ _ □ _ _ _ _ _ _ _ _ _ _ _

21 Erstes deutsches Passagiertransportunternehmen zu Wasser _ _ _ _ _ _ _ _ □ _ _ _

22 Einer der ersten deutschen Welthandelshäfen _ _ _ _ _ □

Bismarck wollte Krieg gegen Österreich – aber warum?

Um diese Frage beantworten zu können, sehen wir uns noch einmal Deutschland nach 1815 an.

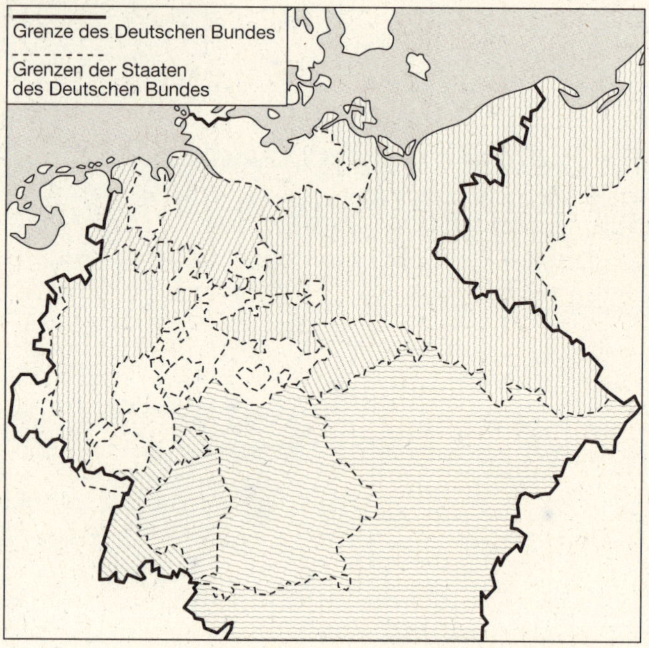

Aufgabe 1: *Male in der Karte des Deutschen Bundes Preußen blau und Österreich braun aus.*

Aufgabe 2: *Welche Stellung nehmen die beiden Staaten im Bund ein?*

Aufgabe 3: *1856 schrieb Bismarck, Deutschland sei zu eng für Preußen und Österreich. Welche Schlüsse lässt das auf das Verhältnis der beiden Staaten zu?*

Am 3. Juli 1866 tobte in der Nähe der böhmischen Festung Königgrätz eine Schlacht, in der ein Rivale eine vernichtende Niederlage erlitt. Wer das war, das lässt sich aus der nachfolgenden Tabelle entnehmen.

Gesamtverluste der Österreicher und Preußen in der Schlacht von Königgrätz 1866

	Österreicher	**Preußen**
Offiziere	*1 313*	*359*
Soldaten	*41 499*	*8 794*
Pferde	*6 010*	*909*

Aufgabe 4: *Markiere in der Tabelle den Sieger blau, den Verlierer rot.*

Nun konnte Bismarck seinen Willen durchsetzen: Im Prager Frieden vom 23. August 1866 wurde unter anderem festgelegt:

> *Art. 4. Seine Majestät der Kaiser von Österreich erkennt die Auflösung des bisherigen Deutschen Bundes an und gibt seine Zustimmung zu einer neuen Gestaltung Deutschlands ohne Beteiligung des österreichischen Kaiserstaates …*
> (Quellenlesebuch für den Unterricht in der vaterländischen Geschichte. Hannover - Berlin 1913 (Verlag Carl Meyer) 2. Teil S. 253.)

Aufgabe 5: *Was war nach 1866 in Deutschland anders als nach 1815?*

Aufgabe 6: *Markiere in der Karte die Grenze Deutschlands nach dem 23.08.1866 mit einem roten Strich und ergänze die Legende.*

Aufgabe 7: *Beantworte nun: Warum wollte Bismarck den Krieg gegen Österreich?*

„Bismarcks Leben sollte enden in Berlin von Mörderhänden",

so lauteten zwei Zeilen eines Gedichts, das die Neue Preußische Zeitung am 12. Mai 1866 veröffentlichte. Was war geschehen? Ein junger Mann, Ferdinand Cohen-Blind, hatte am 7. Mai 1866 fünf Schüsse aus einem Revolver auf Bismarck abgegeben, ihn aber nicht ernsthaft verletzt.

Aufgabe 1: *Wichtig für das Verstehen des Attentats ist der Zeitpunkt, zu dem es stattfand. Ein Krieg war gerade vorüber, ein anderer stand unmittelbar bevor. Benenne beide in der Tabelle.*

7. Mai 1866	***Attentat auf Bismarck***

Der Attentäter schrieb am Tag zuvor an Freunde einen Brief, aus dem folgende Auszüge stammen:

„Niemand in Deutschland findet sich, der den Verräter beseitigte. Bismarck ist ganz entschieden ein Verräter an Deutschland. Er ist die Hauptveranlassung zu dem bevorstehendem Krieg … Weder das preußische noch das österreichische Volk wollen ja Krieg, er ist rein von oben diktiert, und da fällt der größte Teil der Schuld auf Bismarck … Wenn man … durch die blühenden Gefilde Deutschlands gewandert ist, die bald unter den harten Fußtritten des Krieges verwüstet sein werden, und die große Zahl von jungen Leuten hat hinausziehen sehen, die ihr Leben für rein egoistische Zwecke einiger weniger lassen müssen, so fällt es einem nicht so schwer, … den Urheber dieses Übels zu strafen …"

(Schoeps, J. H.: Bismarck und sein Attentäter. Zürich – München 1998 (Pendo Verlag AG), S. 39)

Aufgabe 2: *Notiere, was der Attentäter Bismarck vorwirft.*

Aufgabe 3: *Formuliere sein Motiv für das Attentat.*

Aufgabe 4: *Sind Attentate geeignete Mittel zur Durchsetzung politischer Ziele? Redet über eure Antworten.*

Aufgabe 5: *Eine andere Erklärung hat der „Antisemitenspiegel", die in der Karikatur deutlich wird. Wie werden darin der Attentäter und seine Freunde dargestellt?*

Aufgabe 6: *Welche Motive werden Ferdinand Cohen-Blind im Text unter dem Bild zugeschrieben?*

Aufgabe 7: *Was sollte mit diesem Bild erreicht werden?*

Der Bismarck ist ein deutscher Mann,
Drum schießt der Jude Blind ihn an.

Der Funke und das Pulverfass im Jahre 1870

Du hast bereits gelernt, zwischen Ursache und Anlass für Ereignisse zu unterscheiden. Das Bild von der glimmenden Zündschnur am Pulverfass kann dir beim Lösen der folgenden Aufgabe helfen.

Aufgabe 1: *Unterscheide zwischen den Ursachen und dem Anlass für den Deutsch-Französischen Krieg 1870/71. Wähle dazu aus dem unten stehenden Angebot richtige Erklärungen aus und trage sie in die Skizze ein. Beachte: Oft gibt es mehrere Ursachen.*

Anlass

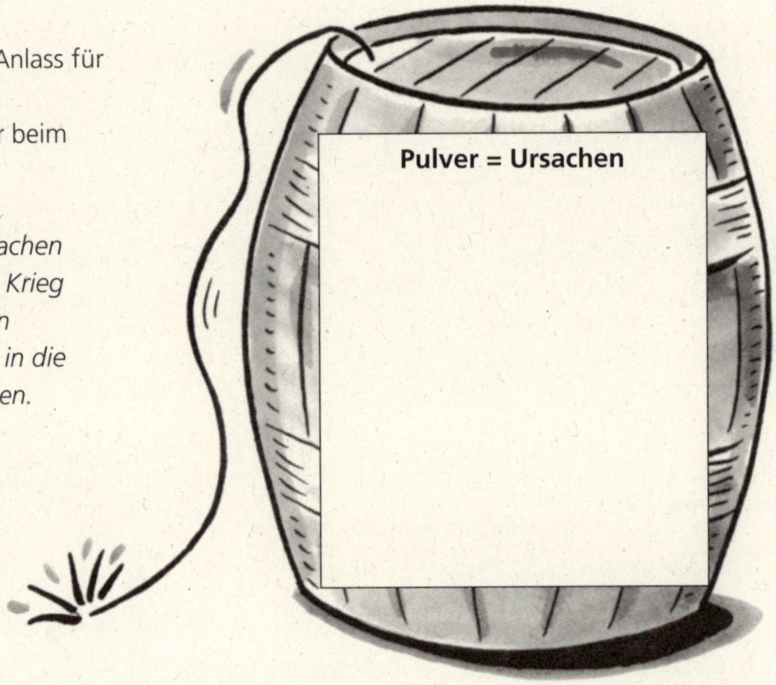

Bismarcks Machthunger, deutsche Einigung von oben, Revolution in Frankreich, Napoleons Eitelkeit, Rache Österreichs für Königgrätz, Emser Depesche, Drängen der deutschen Fürsten, Russlands Wunsch nach Krieg, Verhinderung der Einheit Deutschlands, geschickte Diplomatie Englands, Kriegslust des preußischen Königs, Demütigung des französischen Kaisers, Frankreichs Furcht vor Verlust seiner Vormachtstellung

Aufgabe 2: *Bemühe dich um eine verallgemeinernde Aussage: Was unterscheidet die Ursachen von Ereignissen von deren Anlässen?*

Ursachen sind ______________________________

Anlässe sind ______________________________

Aufgabe 3: *Erinnere dich an Ursachen und Anlässe von Ereignissen, die du schon kennen gelernt hast.*

	Ursachen	**Anlass**
30-jähriger Krieg		
Amerikanischer Unabhängigkeitskrieg		
Französische Revolution von 1789		
Märzrevolution 1848 in Berlin		

Kennst du den Weg zur Einigung Deutschlands?

Aufgabe 1: *Kreuze die richtigen Antworten an:*

Es gab zwei Möglichkeiten zur Schaffung der Einheit Deutschlands. Nach dem Scheitern der Revolution von 1848/49 setzte sich

- ◯ *der „Weg von oben"*
- ◯ *der „Weg von unten" durch.*

Die Führungsrolle übernahm dabei:

- ◯ *Preußen*
- ◯ *Bayern*
- ◯ *Frankreich*
- ◯ *Österreich*

Die nebenstehenden Jahreszahlen markieren wichtige Etappen auf dem Weg zur Einigung Deutschlands.

Aufgabe 2: *Vervollständige das Schema.*

1864 ____________________

1866 ____________________

1867 ____________________

1870/71 ____________________

18.1.1871 ____________________

Diese Zeichnung wirft einen ungewöhnlichen Blick auf die von dir eben gekennzeichneten Ereignisse zwischen 1864 und 1871. Durch das Umfeld der Siegessäulen wird unsere Aufmerksamkeit auf Tatbestände gerichtet, die im allgemeinen Siegestaumel untergingen.

Aufgabe 3: *Notiere, was der Zeichner um die Siegessäulen herum angeordnet hat.*

____

____

Aufgabe 4: *Worin bestand seine Absicht?*

____

____

____

Aufgabe 5: *Wie ist deine Meinung zu dieser Zeichnung?*

____

____

____

Das eiserne Jahrhundert

Als eisernes Jahrhundert pries dieses Plakat von 1894 das 19. Jahrhundert. Die Dampfkraft und das Eisen waren zu Symbolen der industriellen Entwicklung im 19. Jahrhundert geworden. Wie schnell die Entwicklung in einigen europäischen Staaten voranging, wollen wir uns am Beispiel der Eisenproduktion möglichst anschaulich vor Augen führen. Nehmen wir zunächst zu diesem Zweck eine Tabelle.

Entwicklung der Eisenproduktion

(in Mio. t)	1850	1870	1890	1910
England	2,3	6,0	8,3	10,2
Deutschland	0,2	1,4	4,5	14,8
Frankreich	0,4	1,2	2,0	4,0

Aufgabe 1: *Welchen Vorzug hat eine tabellarische Darstellung statistischer Zahlen?*

____

____

Aufgabe 2: *Für unsere Absicht der Darstellung der Entwicklung der Eisenproduktion hat diese Form erhebliche Nachteile. Worin bestehen sie?*

____

____

Dieser Nachteile wegen stellen wir nun die Entwicklung der französischen Eisenproduktion in zwei Kurvendiagrammen dar und entscheiden dann, welches Diagramm für unseren Zweck besser geeignet ist.

Aufgabe 3: *Vervollständige beide Grafiken mit den Angaben aus der Tabelle für England und Deutschland. Verwende wegen der besseren Übersicht unterschiedliche Farben.*

Aufgabe 4: *Wir wollten die schnelle Entwicklung in der Eisenproduktion möglichst anschaulich darstellen. Welche Grafik ist dazu besser geeignet? Begründe.*

____

____

____

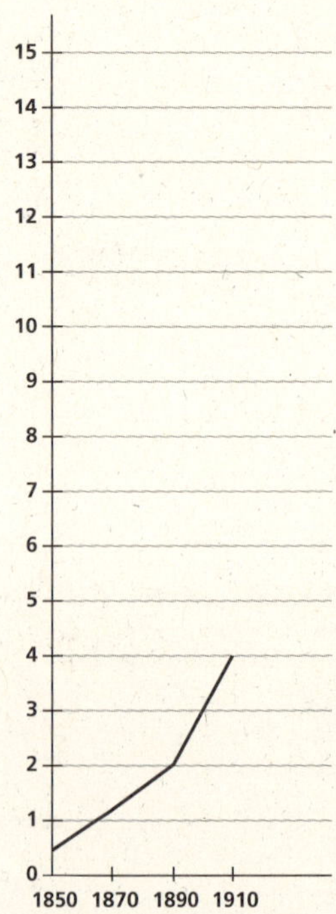

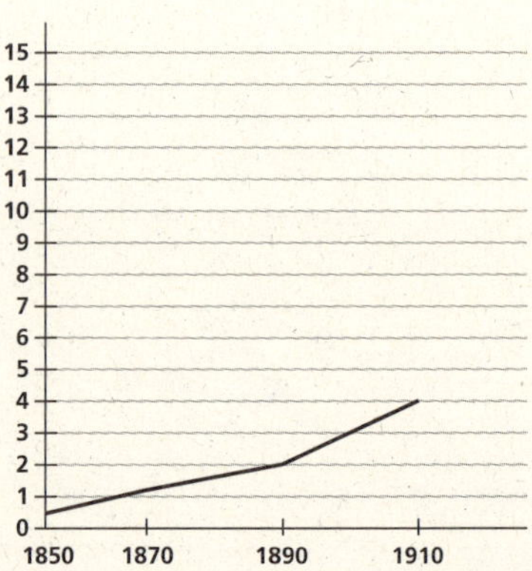

Aufgabe 5: *Warum ergibt sich für jede dieser Varianten bei gleichen Zahlenangaben ein so unterschiedliches Bild?*

Für dich bedeutet das beim Interpretieren von Diagrammen: Aufpassen! Auch Diagramme sind nicht objektiv, sondern folgen einer bestimmten Absicht.

Wenden wir uns nun dem Inhalt der Diagramme zu.

Aufgabe 6: *Interpretiere den Kurvenverlauf für die drei Länder. Was kannst du erkennen?*

Aufgabe 7: *Der schwungvolle Aufschwung in Deutschland beschränkte sich nicht auf die Eisenproduktion, sondern umfasste die gesamte Wirtschaft und den Handel. Die Erklärung dafür erhältst du, indem du aus dem folgenden Angebot sieben richtige Antworten herausfindest und sie in die Skizze einträgst. Streiche zunächst diejenigen heraus, die falsch sind.*

Großes Kolonialreich – einheitlicher Nationalstaat – Bismarcks geschickte Außenpolitik – neuer Industriezweig: Elektrotechnik – Einverleibung Elsass-Lothringens – neuer Industriezweig: Kfz-Bau – Übernahme moderner Produktionsverfahren (Bessemer) – deutsche Seeherrschaft – Eroberung Sachsens – einheitliche Wirtschaftsgesetzgebung – großer Binnenmarkt – hohe Erdölförderung

Ursachen für die schnelle wirtschaftliche Entwicklung in Deutschland

Aufgabe 8: *Unterstreiche die Ursachen farbig, die du für besonders wichtig hältst und nummeriere sie. Begründe kurz.*

Aufgabe 9: *Übrigens: Das Plakat bezeichnete das 19. als eisernes Jahrhundert. Wie würdest du rückblickend das 20. Jahrhundert benennen?*

Das Muske-Tier und andere Ungereimtheiten

„Der Soldat trägt des Königs Rock; er wird dadurch gleichsam ein anderer Mensch. Sein Gang wird stolz und elastisch, seine Haltung edel und selbstbewusst." So konnten es die Eingezogenen in dem „Mahnwort an die jungen Rekruten" nachlesen. Der Rekrut hätte aber ganz anders ausgesehen, wenn er die Gestalt all der Tiere angenommen hätte, mit deren Namen ihn sein Unteroffizier bei der Ausbildung beschimpfte. Die Karikatur vermittelt einen Einblick in die Erziehung zum „anderen Menschen".

Aufgabe 1: *Für wen steht das Muske-Tier?*

____

Aufgabe 2: *Welche Tiere erkennst du in ihm? Schreibe die Schimpfwörter auf die Pfeile.*

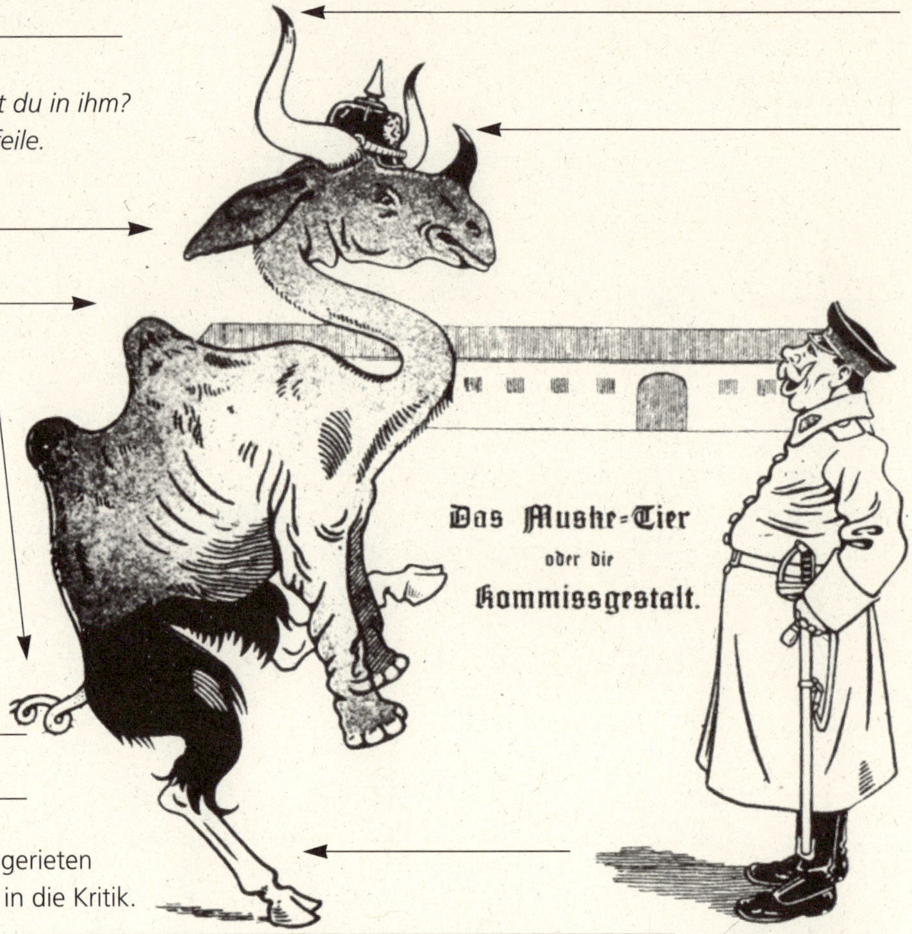

Aufgabe 3: *Diese scheinbar lustige Darstellung ist eine bittere Anklage gegen Zustände in preußisch-deutschen Kasernen. Was wird hier angeprangert?*

____

____

____

Der preußische Staat und sein Militär gerieten auch noch aus einem anderen Grund in die Kritik.

Heer und Flotte: 60 Mio. Taler

Königlicher Haushalt: 4 Mio. Taler

Volksschulen: 2 Mio. Taler

Aufgabe 4: *Veranschauliche die Zahlen innerhalb der Skizze, indem du für eine Million Taler das Symbol einer Münze ◯ in die Kästchen zeichnest.*

Aufgabe 5: *Gib deinen Eindruck kurz wieder.* ______________________________

____

Bevölkerungsstruktur im Kaiserreich

Es gibt viele Versuche, die Bevölkerung des Kaiserreiches der 70er Jahre in ihrer ganzen sozialen Zerrissenheit zu gliedern und sich anschaulich vor Augen zu führen. Wir werden es mit einer Gesellschaftspyramide versuchen. Zum Vergleich sehen wir uns ein solches Schema für eine Gesellschaft an, die durch die Herrschaft des Adels und durch ihre Gliederung in Stände gekennzeichnet war.

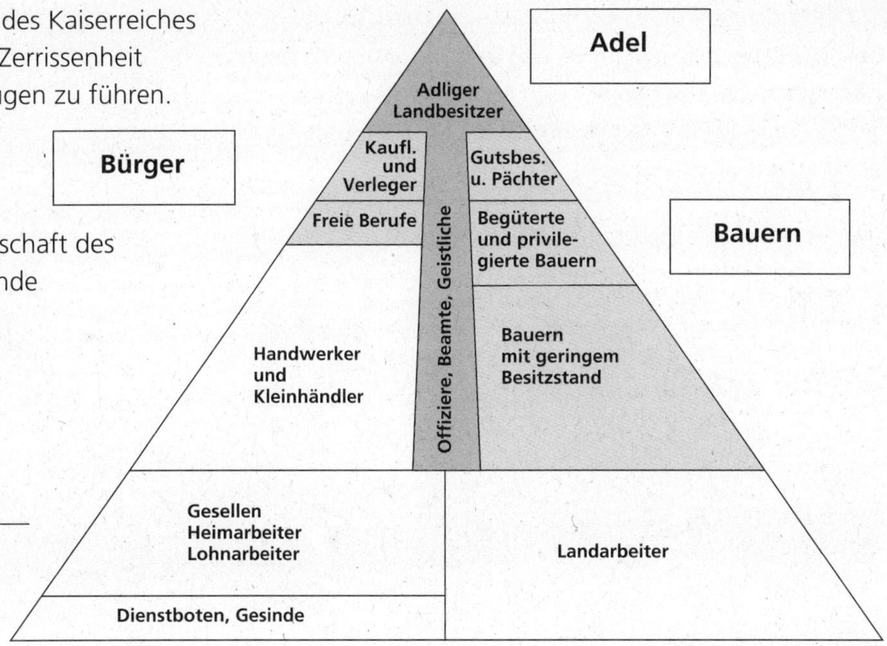

Aufgabe 1: *Wie wurde diese Gesellschaft bezeichnet?*

____

Inzwischen hatte sich die Struktur der Gesellschaft auch in Deutschland erheblich verändert.

Aufgabe 2: *Trage zunächst in die Kästchen die drei großen Klassen ein, in die sich die Bevölkerung gliedert:*

- *Mittelschicht*
- *Arbeiterklasse*
- *Adel und Großbürgertum*

Aufgabe 3: *Trage nun die nachfolgenden Bevölkerungsgruppen in das Teilstück der Pyramide ein, das ihrer gesellschaftlichen Stellung entspricht:*
Unternehmer,
Industriearbeiter,
Bauern, Heimarbeiter, Handwerker,
freie Berufe, Gutsbesitzer,
Angestellte, Kleinhändler

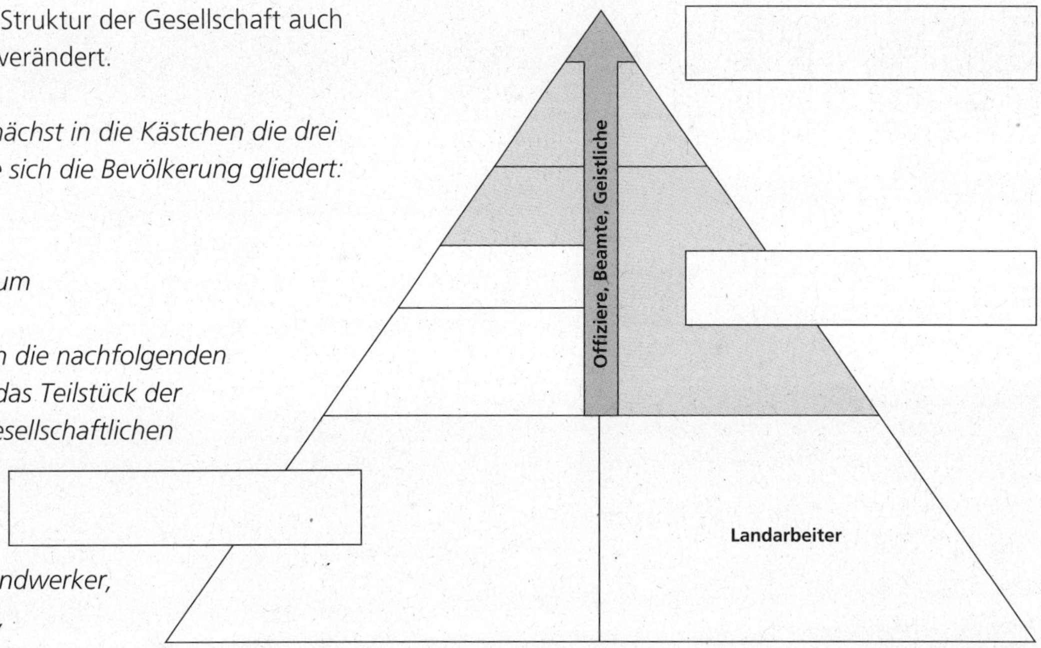

Aufgabe 4: *Wodurch unterscheidet sich diese Gesellschaft von der obigen?*

____

____

Aufgabe 5: *Worin siehst du die Hauptsache für die Veränderung in der Bevölkerungsstruktur?*

____

Hoher Besuch im Dorf und in der Eisengießerei

Mit ihrem Lehrer säumen die Kinder den Wegesrand und singen ein Lied zum Empfang ihres Fürsten. Die Erwachsenen haben ihre Festtagskleidung angelegt und hoffen, ein Lächeln, ein paar huldvolle Worte oder gar einen Händedruck von Seiner Hoheit zu erhaschen. Gleich wird er wieder in seine Kutsche steigen, und das Leben im Dorf geht seinen gewohnten Gang. Es ist nur ein kurzer Augenblick, den der Maler festgehalten hat, und doch sagt er sehr viel aus über das Leben damals.

Aufgabe 1: *Beschrifte in den Blasen, um welche Personen es sich handelt: Fürst, Adlige, Fürstendiener, zwei wohlhabende Bauern, Lehrer, Frauen, ein armer Krüppel.*

Aufgabe 2: *Warum tritt der Besuch in dieser Reihenfolge auf?*

____

____

Aufgabe 3: *Warum stehen die Frauen und der arme Krüppel so weit hinten?*

____

Aufgabe 4: *Beschreibe kurz die Haltung der Dorfbewohner in diesem Moment.*

____

Aufgabe 5: *Wer wird sicher am ehesten mit dem Fürsten sprechen können?*

____

Aufgabe 6: *Nummeriere nun die Kästchen nach der sozialen Rangfolge der Personen.*

Ein anderer hoher Herr stattet einer Gießerei einen Besuch ab. Der Unternehmer erklärt ihm im Beisein des leitenden Ingenieurs den Betrieb und die Arbeiten dort.

Aufgabe 7: *Beschrifte auch hier wieder, welche Personen dargestellt sind: ein hoher Herr (Wer könnte es sein?), der Unternehmer, der leitende Ingenieur, der Meister, die Gießereiarbeiter.*

Aufgabe 8: *Woran sind auf diesem Bild die sozialen Unterschiede der Menschen erkennbar?*

____

Aufgabe 9: *Nummeriere auch hier die Kästchen so, dass die soziale Rangfolge der dargestellten Personen deutlich wird.*

Aufgabe 10: *Sicher erkennst du Unterschiede in der Haltung der „Untertanen" auf den beiden Bildern.*

____

____

Aufgabe 11: *Werden die Hoheiten mit den beiden Bildern zufrieden gewesen sein? Begründe deine Meinung.*

1. Bild: ____

2. Bild: ____

Wohnen in der Großstadt

Aufgabe 1: *Ordne die Bildausschnitte der nachfolgenden Seite hier so ein, dass zwei großstädtische Wohnkulturen aus der Kaiserzeit gut erkennbar werden.*

So lebten viele

Wer sind die Bewohner?		
Wie ist ihre Wohnung ausgestattet? (z.B. mit Möbeln, Teppichen, Gardinen, Bildern . . .)		
Wie sind die Bewohner gekleidet?		
In was für eine Familienatmosphäre lassen uns die Bilder schauen?		

Aufgabe 2: *Wie erklärst du dir die unterschiedliche Atmosphäre in den Familien?*

Mit zwei Waffen gegen die „Reichsfeinde“

Bismarck hatte seine Pläne im Kampf gegen die „Reichsfeinde“, wie er auch die Sozialdemokraten damals bezeichnete, 1871 so beschrieben: „1. Entgegenkommen gegen die Wünsche der arbeitenden Klassen durch Gesetzgebung ...
2. Hemmung der staatsgefährdenden Agitationen durch Verbots- und Strafgesetze.“

Aufgabe 1: *Ein führender Sozialdemokrat bezeichnete damals die beiden Waffen als „Peitsche und Zuckerbrot“. Wie hatte er das gemeint?*

Peitsche = ______________________________

____

Zuckerbrot = ______________________________

____

Einige Jahre später holte Bismarck zum entscheidenden Schlag gegen die „vaterlandslosen Gesellen“ aus:

Reichs-Gesetzblatt.

№ 34.

Inhalt: Gesetz gegen die gemeingefährlichen Bestrebungen der Sozialdemokratie. S. 351.

(Nr. 1271.) Gesetz gegen die gemeingefährlichen Bestrebungen der Sozialdemokratie. Vom 21. Oktober 1878.

Wir Wilhelm, von Gottes Gnaden Deutscher Kaiser, König von Preußen &c.

verordnen im Namen des Reichs, nach erfolgter Zustimmung des Bundesraths und des Reichstags, was folgt:

§. 1.

Vereine, welche durch sozialdemokratische, sozialistische oder kommunistische Bestrebungen den Umsturz der bestehenden Staats- oder Gesellschaftsordnung bezwecken, sind zu verbieten.

Dasselbe gilt von Vereinen, in welchen sozialdemokratische, sozialistische oder kommunistische auf den Umsturz der bestehenden Staats- oder Gesellschaftsordnung gerichtete Bestrebungen in einer den öffentlichen Frieden, insbesondere die Eintracht der Bevölkerungsklassen gefährdenden Weise zu Tage treten.

Den Vereinen stehen gleich Verbindungen jeder Art.

Aufgabe 2: *Lies den Auszug aus dem Gesetzblatt Nr. 34 durch und beantworte folgende Fragen:*

Welchen Titel hat das Gesetz?

____

____

Von wem wird es verordnet?

____

____

Wann erscheint es?

____

____

Aufgabe 3: *Gib den Inhalt des Paragrafen 1 kurz wieder.*

____

____

____

Aufgabe 4: *Warum wird im Gesetz nicht Bismarck, sondern der Kaiser erwähnt?*

____

____

In einem Plakat aus dem Jahre 1913 wurde rückblickend die andere „Waffe" Bismarcks gepriesen.

Aufgabe 5: *Auf welchen Gebieten kam der Staat den Forderungen der Arbeiter entgegen?*

1. __________

2. __________

3. __________

4. __________

Aufgabe 6: *Was bedeuteten diese Gesetze für die Arbeiter und ihre Angehörigen?*

____

Aufgabe 7: *Was erhoffte sich der Staat vom Einsatz der beiden „Waffen" gegen die Sozialdemokratie?*

____

Aufgabe 8: *Und hier nun die tatsächliche Entwicklung der Sympathie der Bevölkerung für die Sozialdemokratie. Veranschauliche die Zahlen in einem Säulendiagramm.*

Bei Reichstagswahlen erhält sie

1877	*493 288*	*Stimmen*
1878	*437 158*	*Stimmen*
1881	*311 691*	*Stimmen*
1884	*549 990*	*Stimmen*
1887	*763 128*	*Stimmen*
1890	*1 427 298*	*Stimmen*

Als Säulendiagramm sieht diese Entwicklung so aus:

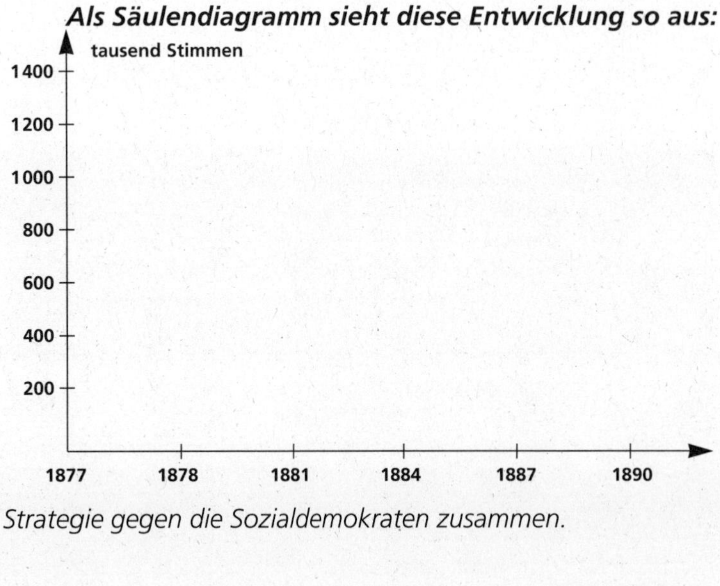

Aufgabe 9: *Fasse das Ergebnis der Bismarckschen Strategie gegen die Sozialdemokraten zusammen.*

____

Aufgabe 10: *Wie erklärst du dieses Ergebnis?* __________

Die Frauen und ihre soziale Sicherheit

Für die verheiratete Frau des Mittelstandes, aber auch die des Arbeiters schickte es sich am Ende des 19. Jahrhunderts nicht mehr, arbeiten zu gehen. Was für Aufgaben ihr zugedacht waren, lässt sich aus dem Bild „Das Stufenalter der Frau" ablesen.

Aufgabe 1: *Welche Aufgaben dachte man ihr im Alter zwischen 30 und 70 Jahren zu?*

Aufgabe 2: *Wie steht es um die soziale Sicherheit dieser Frauen?*

Aber fast die Hälfte der weiblichen Bevölkerung über 16 Jahre war 1895 in Deutschland ledig, verwitwet oder geschieden. Wovon sollten diese Frauen leben, wenn sie nicht auch bereit waren, „unweibliche" Arbeiten anzunehmen? Und: Waren sie dann sozial abgesichert? Sehen wir uns die Höhe der Wochenlöhne von Fabrikarbeitern in Mannheim an:

Aufgabe 3: *Rechne aus, wie viel Prozent der Männer und Frauen über 24 Mark in der Woche verdienten.*

	Bis 15 Mark	***15 – 24 Mark***	***Über 24 Mark***
Männliche Arbeiter	*20,9 %*	*56,2 %*	
Weibliche Arbeiter	*99,2 %*	*0,7 %*	

Aufgabe 4: *Wie steht es um die soziale Sicherheit dieser Frauen?*

Aufgabe 5: *Mache dich zur Interessenvertreterin dieser Frauen! Welche Forderungen würdest du stellen?*

Ein Bündnisnetz voller Widersprüche

Vergegenwärtigen wir uns noch einmal: Deutschland hatte mit seinen Friedensbedingungen von 1871 Frankreich so gedemütigt, dass es stets dessen Revanche fürchten musste. Und wehe Frankreich fand einen Verbündeten gegen Deutschland, z. B. Russland oder Österreich-Ungarn. Deshalb verbündete sich Deutschland schon 1873 im Dreikaiserabkommen mit diesen beiden Staaten.

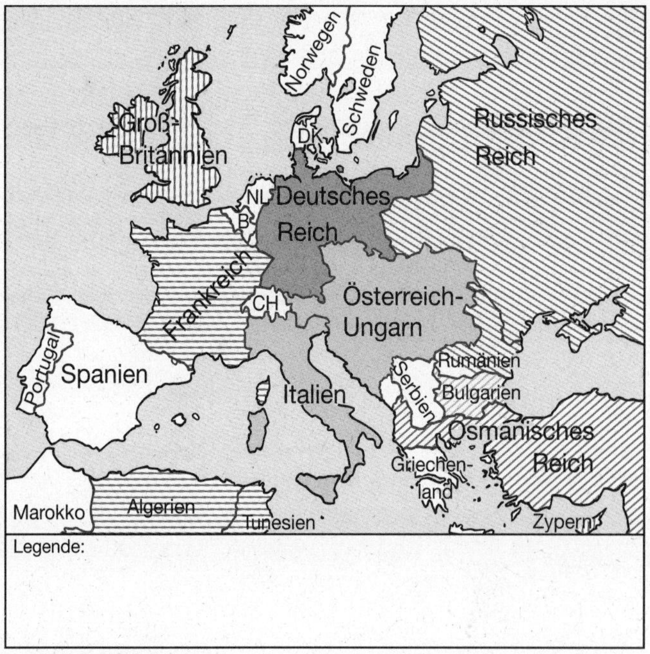

Aufgabe 1: *Zeichne dieses Bündnis in die Karte mit blauen Strichen ein und erkläre diese in der Legende.*

Zu dieser Zeit hatten sich Balkanvölker von der türkischen Herrschaft befreit und sowohl Russland wie auch Österreich-Ungarn versuchten, diese noch schwachen Staaten unter ihren Einfluss zu bringen. Das musste zu Spannungen führen.

Aufgabe 2: *Kreise das Balkangebiet, um das der Streit geht, ein.*

Bismarck schlägt sich auf Österreichs Seite und schließt mit ihm 1879 den Zweibund ab.

Aufgabe 3: *Trage dieses Bündnis rot ein. (Legende nicht vergessen!)*

Es gelingt Bismarck zwar nochmals, das Dreikaiserabkommen zu verlängern, aber die Spannungen bleiben und damit auch die Gefahr, dass sich einer der Verbündeten an Frankreich annähern könnte. 1882 und 1887 werden nochmals zwei Verträge abgeschlossen. An ihrem Inhalt wollen wir uns klar machen, wieso es sich um ein Bündnisnetz voller Widersprüche handelt.

Aus dem „Dreibund-Vertrag" von 1882 zwischen dem Deutschen Reich, Österreich-Ungarn und Italien	**Aus dem „ganz geheimen" Zusatzprotokoll des „Rückversicherungsvertrages" zwischen Deutschland und Russland von 1887**
Artikel I: Die Hohen Vertragschließenden Parteien sagen sich gegenseitig Frieden und Freundschaft zu und werden keine gegen einen ihrer Staaten gerichtete Allianz (= Bündnis) oder Verpflichtung eingehen …	*Artikel I: „Deutschland wird wie bisher Russland beistehen, in Bulgarien eine geordnete und gesetzmäßige Regierung wiederherzustellen …"*

Aufgabe 4: *Trage zunächst die beiden Bündnisse mit grünem und braunem Stift in die Karte ein.*

Aufgabe 5: *Wozu verpflichten sich die Dreibund-Staaten im letzten Teil des Artikels?*

Aufgabe 6: *Wozu verpflichtet sich 1887 Deutschland gegenüber Russland?*

Aufgabe 7: *Mit „geordnete und gesetzmäßige Regierung" umschrieb man, dass man eine Russland unterstehende Regierung wünschte. Warum musste das gegenüber der Öffentlichkeit „ganz geheim" bleiben?*

Aufgabe 8: *Erkläre nun, weshalb Bismarcks Bündnissystem widersprüchlich und gefährlich war.*

Auch Deutschland greift nach Übersee

Anfang der 80er Jahre setzte in Deutschland eine Diskussion über das Für und Wider von Kolonienerwerb ein. Heftig prallten die Argumente aufeinander.

Aufgabe 1: *Ordne die Argumente nach Befürwortung und Ablehnung deutscher Kolonialpolitik.*

– „schafft neue Absatzmärkte für Handel und Industrie" – „fördert Misstrauen gegen Deutschland" – „beseitigt soziale Spannungen" – „hilft im Kampf gegen Sozialdemokratie" – „überfordert die Flotte im Konfliktfall" – „verschafft Anschluss an führende Kolonialmächte"

Befürworter	Gegner

Obwohl Bismarck zunächst gegen den Erwerb von Kolonien war, gab er in den Jahren 1884 und 1885 seine Zustimmung. Welche Gebiete „erworben" wurden, kannst du den Briefmarken entnehmen.

Aufgabe 2: *Verbinde mit Strichen die Briefmarken mit den dazugehörenden Kolonien.*

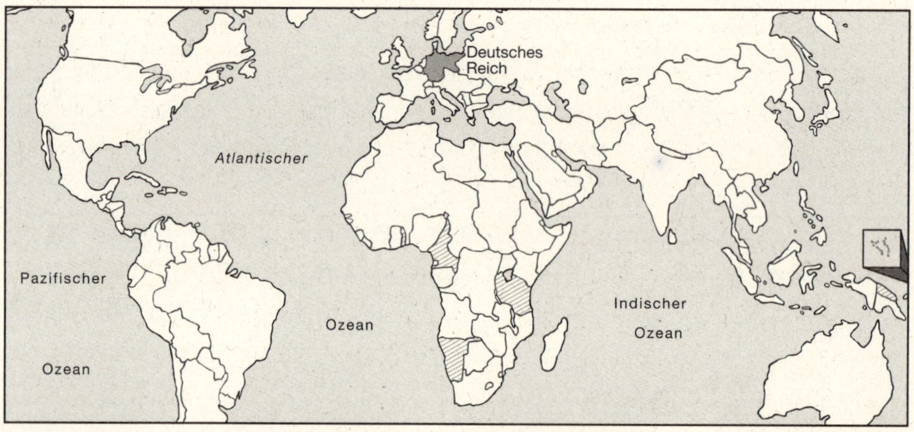

Aufgabe 3: *Übrigens: Diese Marken erschienen seit dem Ende der 90er Jahre des 19. Jahrhunderts. Ihr Bildmotiv sollte zeigen, worauf es dem Kaiser dann bei der deutschen Rüstung ankam.*

Aufgabe 4: *Welche Folgen musste die Kolonialpolitik auf das deutsch-englische Verhältnis haben?*

„Der Lotse geht von Bord"

Einige Tage nach der Entlassung Bismarcks erschien in der Londoner Zeitschrift „PUNSCH" diese berühmte Karikatur. Um sie zu verstehen, solltest du zunächst folgende Fragen beantworten:

Aufgabe 1: *Welche Aufgabe hat ein Lotse auf einem Schiff?*

____

Aufgabe 2: *Wann geht er von Bord?*

____

Aufgabe 3: *Bismarck hat nie den Kurs eines Schiffes als Lotse festlegen müssen. Warum wird er als solcher dargestellt?*

____

Aufgabe 4: *Gelassen schaut der Kapitän dem Lotsen nach. Um wen handelt es sich hier?*

____

Aufgabe 5: *Vervollständige den Satz:*
Die englische Zeitschrift bewegte offenbar die Frage, welchen Kurs

____

____

Aufgabe 6: *Diese Karikatur wurde berühmt, weil sie sich auf viele Situationen anwenden ließ und lässt. Wähle ein solches Ereignis aus und gestalte dazu eine eigene Karikatur. Klebe oder zeichne die Gesichter der dazugehörenden Personen in nebenstehende Abbildung und erkläre kurz dein Anliegen.*

____

____

____

____

____

____

____

____

Aus dem Innenleben des Reichsadlers

Aufgabe 1: *Finde waagerecht 11 und senkrecht 5 Begriffe und Namen aus der Zeit der Reichsgründung und des Kaiserreiches heraus.*

					R	A	X	O							
			A	G	E	L	N	R	I	T					
		Y	Z	I	R	B	E	B	E	L	K				
	I	B	E	R	L	I	N	Ü	L	S	R	P			
L	O	T	H	R	I	N	G	E	N	S	I	A	S		
	F	R	A	N	K	R	E	I	C	H	E	R	T		
	S	E	M	R	E	S	K	N	E	T	G	T	L		
	O	P	I	D	I	K	A	I	S	E	R	E	G		
	Z	A	L	P	R	E	U	S	S	E	N	I	I		
	I	R	I	K	A	B	I	S	M	A	R	C	K		
	A	A	T	N			E	Y	W	A	H	L	E	N	
E	L	T	Ä	T			U	S	E	D	A	N	B		
R	I	I	R	M				T	E	L	S	A	S	S	
Ä	S	O	O					E	K	A	N	Z	L	E	R
B	T	N						M	U	K	T	O	E	N	S
U	B	E													
		N													

Aufgabe 3: *Vervollständige mit den gefundenen Angaben den Text.*

Unter Führung von ________________ wurde 1870/71 ______ gegen _______________ geführt. In der Schlacht von ______________________ waren die Franzosen geschlagen worden. Der preußische König ließ sich daraufhin in Versailles zum deutschen ____________ ausrufen. Das belastete das Verhältnis zum westlichen Nachbarn des Reichs. Es verschlechterte sich noch durch __________________ und die Abtretung des _______________ und von Teilen ________________. Der eigentliche Leiter der Reichspolitik war der ________________. Die Abgeordneten, die durch ____________________ im Reichstag in ________________ saßen, durften bei der Verabschiedung von Gesetzen mitwirken, aber nicht den Kanzler __________ wählen oder stürzen. Eine starke Stütze des Reichs war das _______________. Doch auch die Arbeiter verlangten Mitbestimmung und die Verbesserung ihrer sozialen Lage. Ihre politische Vertretung war eine ________________, deren Mitbegründer, August _________, ______________war.

Weißt du das noch?

Aufgabe 1: *Jeweils ein Begriff passt nicht in die waagerechte Reihe. Streiche ihn.*

Aufgabe 2: *Die Buchstaben der falschen Aussagen ergeben das Lösungswort – eine im 19. Jahrhundert entstandene Vereinigung von Menschen mit gleichen Interessen.*

						Buchstabe
L Kleindeutsche Lösung	**M** Deutsch-Französischer Krieg	**N** „Eisen und Blut"	**O** Reichseinigung	**P** Schlacht bei Jena und Auerstedt	**Q** Preußisch-Österreichischer Krieg	
X Reichskanzler	**Y** Student in Göttingen	**Z** Junker	**A** Vorsitzender der Liberalen Partei	**B** Preußischer Minister-präsident	**C** Gesandter Preußens	
P Gründerjahre	**Q** Aktien-gesellschaften	**R** Biedermeier	**F** Banken	**G** Französische Reparationen	**H** Erfindungen	
A „Zuckerbrot und Peitsche"	**B** Sozialgesetze	**J** Sozial-demokratie	**K** Haus-durchsuchung	**S** Versammlungs-verbot	**T** Metternich	
C Dreibund	**D** Rück-versicherungs-vertrag	**E** Union und Liga	**L** Dreikaiser-abkommen	**M** Zweibund	**N** Europäisches Bündnissystem	
I Deutscher Bund	**J** Afrika	**K** Absatz-gebiete	**U** Macht-streben	**V** Rohstoffe	**W** Kolonien	

Aufgabe 3: *Die Abbildungen der nachfolgenden Zeitleiste mit den dazugehörenden Jahreszahlen zeigen Wichtiges aus der Periode der Reichseinigung und des Kaiserreiches. Beschrifte sie mit den richtigen Begriffen aus obenstehendem Rätsel.*

17te Depesche

Kriegs-Schauplatz.

Hauptquartier Horsitz, Mittwoch, 10 Uhr Vorm.

Garde-Füsiliere nahmen 20 Geschütze, Regiment Elisabeth 10, erstes Garde-Regiment 8, zwölftes Husaren-Regiment 4, von den übrigen noch keine Nachricht. Oesterreicher fliehen nach Königingrätz, geben Pardubitz auf, von Kavallerie verfolgt, aufgelöst. Der Weg ist mit Waffen und Gepäck bedeckt. Verluste sind wegen ausgedehnter Stellung noch nicht constatirt. Um Horsitz 10,000 Gefangene gezählt.

Berlin, den 4. Juli 1866.

Königliches Polizei-Präsidium.

1866

1871

1878–90

ab 1883

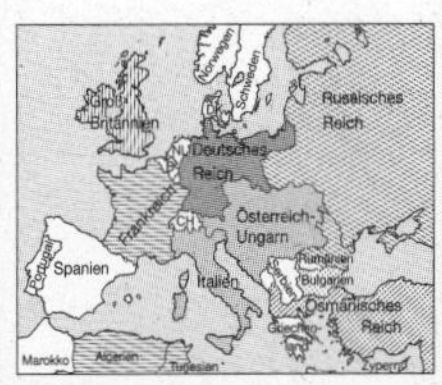

ab 1879

ab 1884
